UNIVERSITÉ DE FRANCE

FACULTÉ DE DROIT DE PARIS

DROIT ROMAIN

DU DROIT DE VENTE DU CRÉANCIER HYPOTHÉCAIRE

DROIT FRANÇAIS

COMMENTAIRE DE LA LOI DU 10 DÉCEMBRE 1874
QUI REND LES NAVIRES SUSCEPTIBLES D'HYPOTHÈQUES

THÈSE POUR LE DOCTORAT

PRÉSENTÉE ET SOUTENUE

Le mercredi 15 *juin* 1881, *à* 1 *heure*

PAR

M. L. LA BORDE
Avocat à la Cour d'Appel de Paris
Ancien officier de marine

Président : M. RATAUD, *professeur*.

Suffragants : MM. COLMET DE SANTERRE, LABBÉ, *professeurs*. LYON-CAEN, MICHEL, *agrégés*.

Le Candidat devra en outre répondre à toutes les questions qui lui seront faites sur les autres matières de l'enseignement

PARIS
ALPHONSE DERENNE
boulevard Saint-Michel, 52
1881

UNIVERSITÉ DE FRANCE

FACULTÉ DE DROIT DE PARIS

DROIT ROMAIN

DU DROIT DE VENTE DU CRÉANCIER HYPOTHÉCAIRE

DROIT FRANÇAIS

COMMENTAIRE DE LA LOI DU 10 DÉCEMBRE 1874
QUI REND LES NAVIRES SUSCEPTIBLES D'HYPOTHÈQUES

THÈSE POUR LE DOCTORAT

PRÉSENTÉE ET SOUTENUE

Le mercredi 15 juin 1881, à 1 heure

PAR

M. L. LA BORDE

Avocat à la Cour d'Appel de Paris

Ancien officier de marine

Président : M. RATAUD, *professeur.*

Suffragants : MM. COLMET DE SANTERRE, LABBÉ, *professeurs.* LYON-CAEN, MICHEL, *agrégés.*

Le Candidat devra en outre répondre à toutes les questions qui lui seront faites sur les autres matières de l'enseignement

PARIS

ALPHONSE DERENNE

Boulevard Saint-Michel, 52

1881

A MON PÈRE — A MA MÈRE

DROIT ROMAIN

Du droit de vente du créancier hypothécaire.

Digeste. Livre XX. Titre V.
Code. Livre VIII. Titre XXVIII.

INTRODUCTION

OBSERVATIONS GÉNÉRALES SUR L'ORGANISATION DES SURETÉS RÉELLES.

Les sûretés réelles qui jouent dans notre législation un rôle si important, n'occupent dans les lois romaines que la seconde place ; elles viennent après les sûretés personnelles.

Cette préférence pour les garanties personnelles tenait à des causes multiples parmi lesquelles nous devons signaler, en première ligne, l'organisation très imparfaite du crédit réel, tel qu'il fonctionnait à Rome. Elle ne tarda pas cependant à s'atténuer. A partir d'une certaine époque, les jurisconsultes reconnurent aux sûretés réelles une importance chaque jour croissante ; l'un d'eux, Pomponius, déclare même qu'il convient de leur donner la prééminence (1). On avait accompli de grands progrès, l'hypothèque était née et avait pris un développement rapide ; on apercevait tous les avantages qui pouvaient résulter de ce mode de crédit perfectionné.

Avant d'indiquer le dernier état de la législation romaine en matière de sûretés réelles, il nous paraît utile d'esquisser, en quelques mots, le tableau historique de cette institution et d'indiquer les phases diverses par lesquelles elle a passé. Ce travail nous permettra de rendre compte exactement de l'importance du droit de vente, de rechercher son origine et de suivre ses progrès.

Le créancier qui voulait s'assurer une garantie réelle, en prévision de l'insolvabilité de son débiteur, n'eut, tout d'abord, à sa disposition, qu'un seul procédé : il se faisait transférer la propriété de l'objet qui devait spécialement répondre de la dette et s'engageait à le rendre au débiteur lorsque le paiement serait effectué. Cette convention, *fiducia,* jointe à l'acte translatif, était sanctionnée par une action personnelle : *actio fiduciæ.*

Le procédé était bien conforme au génie des Romains. Avant d'innover pour répondre aux besoins divers qui se manifestaient chaque jour, ils essayaient de tirer parti de la législation existante. Ici, on utilisait la *mancipatio* ou la *cessio in jure,* mais l'aliénation fiduciaire (*fiducia, jure pignoris ;* G. C. 2, § 60), ne donnait

1. L. 25. D. 50, 17.

qu'un moyen de crédit très imparfait. Elle garantissait très efficacement le créancier lorsque la chose dont il devenait propriétaire, avait une valeur égale ou supérieure au chiffre de la créance, mais les intérêts du débiteur étaient complètement sacrifiés. On pouvait remédier à quelques-uns des inconvénients de la fiducie en autorisant le débiteur à conserver la chose et à en jouir soit à titre précaire, soit en vertu d'un louage. Ces palliatifs le laissaient toujours beaucoup trop à la merci du créancier. On imagina un autre procédé.

Ce fut le *pignus*, contrat *re*, en vertu duquel le débiteur se dessaisissait au profit du créancier, non plus de la propriété mais seulement de la possession de la chose engagée. Ce perfectionnement ne devint réalisable que le jour où la possession, simple fait dont le droit civil ne se préoccupait pas, fut organisée par le préteur et entourée des moyens propres à la faire valoir.

Désormais, le débiteur n'a plus à redouter l'insolvabilité de son créancier : il perd bien, en principe, la possession et la jouissance du gage, mais rien n'empêche de lui conserver ses droits, comme dans l'hypothèse précédente, à l'aide d'une concession en précaire ou d'un contrat de louage (1). Sa situation est donc fort améliorée, mais, d'un autre côté, la garantie attribuée au créancier devient moins sérieuse, car il n'a jusqu'à une certaine époque, que le droit négatif de rétention et la protection insuffisante des interdits possessoires.

1. L. 6, § 4, D. 43, 26. — L. 35, § 1, D. 13, 7.

On comprend, dès lors, pourquoi la fiducie qui lui offrait de tout autres avantages, continua de subsister après l'introduction du *pignus*. Cette coexistence des deux contrats attestée par Gaïus qui parle de la fiducie comme étant usitée de son temps (1), trouve encore sa raison d'être dans ce fait que chacun d'eux avait sa sphère d'action distincte. Le *pignus* s'appliquait surtout aux meubles : *verum est, quod quidam putant, pignus proprie rei mobilis constitui*, dit Gaïus (2). La fiducie avait principalement pour objet les immeubles ; dans cette mesure, elle donnait au créancier une sûreté parfaite, même en l'absence d'une remise de la possession, car on sait toujours où trouver l'immeuble que l'on veut revendiquer ; d'autre part, le *pignus* eût été insuffisant ; la remise de la possession n'empêchait pas, en effet, le propriétaire d'aliéner l'immeuble (3). Pour les meubles au contraire, la détention, à elle seule, constituait une bonne sûreté, parce que leur aliénation, de quelque manière qu'elle se produisît, exigeait leur présence effective. En raison de leur instabilité, un contrat de fiducie, sans remise de la possession, eût exposé le créancier, au moment des poursuites, à ne savoir où les trouver.

Enfin, à une époque qu'il est impossible de préciser, on voit apparaître la dernière et la meilleure forme de cautionnement réel, l'hypothèque d'origine prétorienne. Elle ne s'introduisit pas brusquement. Les Romains suivirent leur

1. G. com. 2, §§ 60 et 220. — Comp. Paul, Sent. L. 2, t. 13.
2. L. 238, § 2, D. 50, 16.
3. G. com. I, § 121.

procédé habituel qui consistait non pas à établir d'emblée une théorie générale, mais à statuer, d'abord, sur des cas particuliers dont la fréquence croissante les conduisait à une généralisation.

Les rapports entre les propriétaires et leurs fermiers appelèrent, tout d'abord, l'attention du préteur. Ici, le *pignus* était plus qu'insuffisant et incommode ; il était impraticable. Le fermier pauvre et sans crédit ne pouvait offrir au bailleur, à titre de garantie, que ses meubles et ses instruments agricoles, mais comment le déposséder ? Il n'y fallait pas songer sous peine d'entraver la culture du fonds. Pour tourner la difficulté, le préteur en vint à sanctionner la simple convention par laquelle le colon déclarait affecter les *invecta et illata* au paiement de ses fermages. Il donna au bailleur un interdit, l'interdit Salvien, pour se faire mettre en possession et réaliser son gage. A ce moment, le premier pas est fait et il est décisif ; on peut concevoir désormais une sûreté réelle efficace, sans une remise au créancier de la chose affectée.

L'interdit Salvien présentait de grands inconvénients ; il protégeait mal le créancier. On ajouta à cette sanction insuffisante de son droit, celle d'une action *in rem*, *actio Serviana*, donnée contre tout détenteur des choses que son fermier lui avait engagées. Nous trouvons là tous les éléments de l'hypothèque ; il ne restait plus qu'à généraliser le procédé créé spécialement en vue du bail. Tel fut le rôle de l'action quasi-servienne, calquée sur la précédente et qui fut accordée par le préteur toutes les fois qu'une personne quelconque avait, par simple convention, affecté un bien à l'acquittement d'une dette.

Nous voici arrivés à un mode de crédit réel très-perfectionné. La convention d'hypothèque donne au créancier une sûreté analogue à celle qui résultait de la fiducie, bien supérieure à celle qui découlait du *pignus* ; il a, en effet, une sorte de revendication contre tout détenteur des biens affectés.

D'autre part, le débiteur conserve la possession et la jouissance de la chose hypothéquée ; il en dispose à son gré. Il n'est plus contraint d'immobiliser pour une dette minime, un bien d'une valeur souvent considérable : il peut l'offrir à plusieurs créanciers car son crédit n'est pas nécessairement épuisé par la concession d'une première garantie.

De toutes les sûretés réelles, l'hypothèque est celle qui concilie le mieux l'intérêt du débiteur avec celui du créancier. On ne doit pas s'étonner que, dès son apparition, la fiducie soit délaissée. Quant au *pignus*, il se transforme. Toutes les conditions nécessaires à la validité d'une constitution d'hypothèque sont réunies dans le contrat de gage, de sorte que le gage proprement dit devient une hypothèque avec cette particularité que le créancier est immédiatement nanti de la possession. Désormais, *inter pignus et hypothecam, tantum nominis sonus differt* (1).

1. L. 5 § 1. D.20, 1. La concession d'une hypothèque ne peut émaner que du propriétaire tandis que le contrat de gage n'exige chez le constituant que la qualité de possesseur. Il arrivera donc quelquefois, mais très-exceptionnellement, que le *pignus* n'emportera pas hypothèque.

Ce rapprochement doit être fait non-seulement pour le gage conventionnel mais aussi pour le *pignus prætorium* qui porte sur les biens compris dans un envoi en possession (1) et pour le *pignus in causa judicati captum*, gage constitué par l'autorité du magistrat, sur ceux des biens du débiteur condamné que les officiers de justice sont chargés de saisir et de vendre (2).

Plus tard, l'hypothèque put résulter non-seulement de la volonté expresse des parties mais encore de la loi qui jugea équitable d'accorder cette garantie à certains créanciers. Citons parmi les créanciers qui ont ainsi, de plein droit, une hypothèque :

1° Le bailleur d'un bien rural sur les fruits et les récoltes (L. 7. Pr. D. 20. 2).

2° Le bailleur d'un fonds urbain sur les meubles du locataire (L. 4. Pr. et L. 7. § 1 eodem).

3° Les légataires sur les biens de la succession (L. 1. C. 6. 43).

4° Le fisc sur les biens de ses débiteurs (L. 28. D. 49. 14).

5° Les pupilles, les mineurs de vingt-cinq ans et les fous sur les biens des tuteurs et des curateurs (L. 20. C. 5. 37).

6° La femme sur les biens du mari, pour assurer la res-

1 L. 26. D. 13. 7. — On a longtemps hésité à attacher le droit de suite au *pignus prætorium*. Justinien a tranché la question dans le sens de l'affirmative. 42. C. 8. 22.

2. L. 15. D. 42. 1.

titution de la dot, et le mari sur les biens de celui qui a constitué la dot pour en assurer le paiement ; (L. 30. C. 5. 12. — L. 1. § 1. C. 5. 13).

Les trois premières hypothèques tacites sont spéciales : les autres sont générales.

Lorsqu'un bien est grevé de plusieurs hypothèques, le rang se détermine par leur date, en commençant par la plus ancienne. Mais cette règle cesse d'être complètement exacte le jour où, combinant l'hypothèque avec le *privilegium* qui ne donne qu'un droit de préférence *inter personales actiones*, on crée quelques hypothèques privilégiées, c'est-à-dire primant même les hypothèques antérieures.

Cette faveur spéciale est attachée notamment :

1° A l'hypothèque de celui qui a, de ses deniers, concouru à la conservation du gage commun (L. 5. D. 20. 4).

2° A l'hypothèque de la femme mariée dans le dernier état de la législation de Justinien (L. 12, C. 8, 18).

L'hypothèque permet au créancier de se faire mettre en possession lorsque l'échéance de la dette est arrivée ou même avant l'échéance, lorsqu'il a des craintes fondées pour l'avenir (1). Elle lui donne aussi le droit de vendre la chose pour se payer sur le prix.

C'est ce dernier droit qui doit faire principalement l'objet de notre étude.

1. L. 14. Pr. D. 20, 1.

Dans un premier chapitre, nous ferons l'historique du droit de vente et nous rechercherons quel est son fondement juridique. Deux autres chapitres seront consacrés, l'un, au fonctionnement de ce droit ; l'autre, aux effets produits par la vente.

CHAPITRE I

HISTORIQUE ET FONDEMENT JURIDIQUE DU DROIT DE VENTE DU CRÉANCIER POURVU D'UNE SURETÉ RÉELLE

Dans notre législation, le créancier muni d'une sûreté réelle a essentiellement le droit de faire procéder à la vente du gage pour venir exercer sur le prix son droit de préférence. En était-il de même dans la législation romaine?

Pour répondre à cette question, il faut examiner successivement la situation des créanciers fiduciaire, gagiste et hypothécaire.

En vertu de l'aliénation fiduciaire, le créancier, devenu propriétaire de la *fiducia*, a, par voie de conséquence, la faculté d'en disposer comme s'il s'agissait d'un bien quelconque compris dans son patrimoine. Il puise son droit dans sa qualité de propriétaire ; aussi peu importe que l'échéance de la dette soit arrivée ou non, qu'elle ait été payée ou qu'elle ne l'ait pas été ; il peut, en tout état de cause, vendre valablement la chose comme il pourrait la donner ou la léguer.

Il est tenu, il est vrai, de rétrocéder la *fiducia* au débiteur qui acquitte sa dette, mais cette obligation n'influe en rien sur la validité d'une aliénation antérieure ou même postérieure au paiement. Toutefois, l'éventualité de la rétrocession fait au créancier un devoir de ne pas user de son droit de disposition ; comme propriétaire, il peut vendre ; comme créancier, il ne le doit pas. On a très heureusement comparé sa situation à celle d'un vendeur qui est resté le maître de la chose ; il peut encore en disposer mais en s'exposant aux conséquences de l'*actio empti*. Dans notre hypothèse, le créancier s'expose aux effets de l'*actio fiduciæ directa* intentée contre lui par le débiteur ; il a, en effet, violé la loi du contrat de fiducie en se mettant dans l'impossibilité de retransférer la propriété de la chose engagée.

Cette situation était fâcheuse pour lui. On ne tarda pas à y remédier en faisant intervenir un *pactum de distrahendo* dont l'effet était non pas de lui donner le droit de vendre, puisque sa qualité de propriétaire le lui conférait déjà, mais de le mettre à l'abri des conséquences de l'*actio fiduciæ*, lorsqu'il en avait usé.

Nous avons déjà insisté, précédemment, sur les inconvénients de la fiducie et montré qu'elle constituait un mauvais instrument de crédit. Elle dépassait de beaucoup le but qui était de créer une simple garantie. Le débiteur, en payant sa dette, ne redevenait pas, pour cela, propriétaire de la chose par lui mancipée ou cédée *in jure* ; il n'avait, pour la réclamer, qu'une action personnelle et se trouvait exposé aux risques de l'insolvabilité de l'acquéreur fiduciaire. Pour remédier à cet état de choses, il aurait fallu que le paiement de la dette entraînât la résolution du droit de l'acquéreur. Or, la validité des aliénations *ad tempus* n'a été admise définitivement que sous Justinien, c'est-à-dire à une époque où la fiducie n'existait plus qu'à l'état de souvenir. Toutefois, le droit ancien, prenant en considération la situation du débiteur, lui vint un peu en aide en lui accordant de grandes facilités pour usucaper la fiducie (*usureceptio fiduciæ*). On alla même plus loin ; les jurisconsultes classiques le considérèrent comme restant, dans une certaine mesure, le propriétaire de la chose mancipée (1).

Quoi qu'il en soit et pour revenir au point qui nous occupe, constatons, encore une fois, que le droit de vente du créancier fiduciaire tient uniquement à sa qualité de propriétaire. Il aliène valablement en vertu du droit réel qu'il a sur la chose. Cette théorie n'a-t-elle pas influé sur l'hypothèque ? Ne faut-il pas dire aussi que le droit de vente du créancier hypothécaire découle uniquement de son *jus in re*, sans mélange d'aucune idée de mandat émanant du débiteur ? C'est ce que nous aurons à examiner.

Mais nous devons, auparavant, parler du *pignus*. Au début, le contrat de gage ne conférait au créancier nanti qu'un simple droit de rétention, c'est-à-dire une sûreté purement négative et très insuffisante. On voulut la fortifier et on se servit du *pactum de distrahendo*. « J'accepte « le gage que vous m'offrez, disait le créancier au débi- « teur, mais nous ajouterons au contrat que si vous ne « me payez pas à l'échéance, j'aurai le droit de vendre. »

1. G. Com. 2. §§ 60 et 220. Com. 3. § 201.

Les textes nous montrent, en effet, que ce droit n'appartenait au créancier, à l'origine, que lorsque le débiteur le lui avait conféré par une convention expresse (1). Peu à peu, cette clause devint de style ; plus tard, elle fut sous-entendue, probablement parce que le contrat de gage était de bonne foi. Elle finit par être essentielle et on regarda comme non écrite la clause contraire ; le seul effet attribué au *pactum de non vendendo* fut d'obliger le créancier à adresser trois dénonciations successives au débiteur avant de procéder à la vente.

Telles sont les diverses phases par lesquelles a passé le *jus distrahendi*. Là dessus, tout le monde est d'accord ; la difficulté commence lorsqu'il s'agit de déterminer la date de chacune d'elles.

Prenons, comme point de départ, le texte suivant :

Si is qui pignori rem accepit, cum de vendendo pignore nihil convenisset, vendidit ; aut antequam dies venditionis veniret, pecunia non soluta, id fecit : furti se obligat. Javolenus, L. 73, D. 47, 2.

Javolenus vivait vers le début du deuxième siècle de l'ère chrétienne. Il nous dit que le créancier ne peut disposer du gage qu'avec l'assentiment exprès du débiteur.

Cette règle ne parait pas s'être modifiée du temps des jurisconsultes Pomponius (2), Gaius (3), Scævola (4) qui

1. L. 73, Dig. 47, 2.
2. L. 8, §§ 4, 5, D. 13, 7.
3. Com. 2, § 64.
4. L. 14, § 5, D. 44, 3.

se succédèrent pendant le cours du deuxième siècle. Mais un peu plus tard, les choses sont bien changées, ainsi que le montre une loi d'Ulpien.

Si convenit de distrahendo pignore, sive ab initio, sive postea, non tantum venditio valet, verum incipit emptor dominium rei habere. Sed etsi non convenerit, de distrahendo pignore, hoc tamen jure utimur ut liceat distrahere : si modo non convenit, ne liceat. Ubi vero convenit ne distraheretur, creditor, si distraxerit, furti obligatur : nisi ei ter fuerit denunciatum, ut solvat et cessaverit. Ulpianus, L. 4, D. 13, 7.

Le jurisconsulte déclare :

1° Que le *jus distrahendi* est de la nature du gage ou, en d'autres termes, que l'autorisation de vendre est sous-entendue dans le contrat ;

2° Qu'il est même de son essence ; un pacte prohibitif n'a d'autre effet que de contraindre le créancier à faire trois dénonciations au débiteur.

Est-ce un tableau fidèle de la jurisprudence au temps d'Ulpien ?

Des deux affirmations qui ressortent de son texte, nous admettons la première ; mais la seconde est en opposition flagrante avec une loi de Paul, contemporain d'Ulpien et qui lui a même survécu.

Aristo Neratio prisco scripsit, etsi ita contractum sit, ut antecedens dimitteretur, non aliter in jus pignoris succedet, nisi convenerit sibi eadem res esset obligata : neque enim in jus primi succedere debet qui ipse nihil con-

venit de pignore : quo casu melior efficietur emptoris causa. Denique si antiquior creditor de pignore vendendo cum debitore pactum interposuit, posterior autem creditor de distrahendo omisit, non per oblivionem sed cum hoc ageretur, ne posset vendere : videamus, an dici possit, hoc usque transire ad eum jus prioris, ut distrahere pignus huic liceat? Quod admittendum existimo : sæpe enim quod quis ex sua persona non habet, hoc per extraneum petere potest (Paulus. L. 3 D. 20. 3) (1).

Entre le second créancier hypothécaire et le débiteur il n'est intervenu aucune clause relative à la vente. Ce n'est pas oubli de leur part, car cet oubli n'aurait pour le créancier aucune conséquence fâcheuse. On l'a fait intentionnellement et afin d'empêcher la vente du gage. Il en résulte que le second créancier n'a pas, *ex persona sua*, le droit de l'aliéner ; seulement, comme son argent est destiné et sert à désintéresser le créancier *prior* qui avait eu soin de se réserver le *jus distrahendi*, il l'acquiert lui-même en venant prendre sa place.

Paul et Ulpien sont donc en désaccord sur le point qui nous occupe. Nous pensons qu'à l'époque où ils vivaient, le *jus distrahendi* n'était pas encore de l'essence du *pignus*.

Cette doctrine qui trouve déjà un certain fondement dans deux lois, l'une d'Ulpien, lui-même (2), et l'autre de

1. Nous pensons que la seconde partie du texte est exclusivement de Paul.

2. L. 6 § 8. D. 10, 3.

Marcien (1), ressort clairement des Institutes de Justinien.

Au § 1, L. 2, T. 8, l'empereur, après avoir indiqué le fondement juridique du droit de vente du créancier gagiste, ajoute :

Sed ne creditores jus suum persequi impedirentur, neque debitores temere suarum rerum dominium amittere videantur, nostra constitutione consultum est, et certus modus impositus est per quem pignorum distractio possit procedere; cujus tenore utrique parti, creditorum et debitorum, satis abundeque promisum est.

Il en résulte bien qu'auparavant, le créancier pouvait voir surgir un empêchement à l'exercice du droit de vente. Et cet obstable qui résultait d'un *pactum ne distraheretur*, Justinien l'écarte. Désormais un principe nouveau apparaît ; *le jus distrahendi* est de l'essence du gage. Il est vrai que la constitution visée aux Institutes (2) ne s'explique pas très clairement sur ce point ; mais il faut l'admettre ou renoncer à expliquer cette phrase : *sed ne creditores jus suum persequi impedirentur.*

Dans notre opinion, la dernière partie de la loi d'Ulpien aurait été ajoutée par les commissaires de Justinien, afin de la mettre d'accord avec le droit nouveau. Ce texte, dans sa forme actuelle, est d'ailleurs assez mal conçu. S'il était vrai qu'à son époque, le droit de vente eût déjà parcouru sa troisième étape, le jurisconsulte, allant droit au but, l'aurait, sans doute, constaté sans déclarer préalable-

1. L. 12 § 10, D. 20, 4.
2. L. 3, C. 8, 34.

ment que le créancier avait le droit de vendre, même en l'absence d'une convention. Quant aux trois dénonciations dont il est question à la fin, elles étaient exigées, à ce moment, lorsque le créancier vendait sans en avoir reçu l'autorisation expresse (1).

En résumé, il est possible que jusqu'au début du IIIe siècle, il ait fallu une convention pour donner au créancier le *jus distrahendi* ; mais à cette époque, au plus tard, ce droit devient de la nature du gage (2). Enfin, sous Justinien, le gage atteint son complet développement et comporte essentiellement pouvoir d'aliéner la chose affectée.

Nous arrivons à l'hypothèque. Il faut se garder de croire que le *jus distrahendi* a toujours été de l'essence de cette sûreté réelle. Quelques auteurs paraissent l'admettre. C'est là une doctrine que les textes repoussent (3). Pendant longtemps, le créancier hypothécaire, comme le créancier gagiste, n'a eu le droit de disposer de la chose qui lui servait de garantie qu'avec l'autorisation expresse ou tacite du débiteur. Ce fait s'explique aisément. L'hypothèque n'est pas une institution d'origine étrangère admise, à un certain moment et tout d'une pièce, dans la législation romaine (4).

1. Paul Sent. L. 2, T. 5, § 1.

2. Au même moment, le pacte *ut fiduciam creditori vendere non liceat*, ne l'exposait plus, lorsqu'il avait vendu, à l'exercice de l'*actio fiduciæ*. C'est que le droit de vente reposait sur des bases bien différentes en matière *de fiducia* et *de pignus*. Paul. *Sent.* L. 2, t. 13, § 5.

3. L. 12, § 10, D., 20, 4. L. 3, D., 20, 3.

4. Voir M. Jourdan, *De l'hypothèque*, p. 18 et 19 et chap. 11 et 18. A Athènes le créancier hypothécaire avait probablement le droit de vendre la

Si Rome a subi l'influence de la Grèce au double point de vue des arts et des doctrines philosophiques, cette influence ne s'est pas fait sentir dans le domaine du droit, sauf quelques rares exceptions et seulement en matière de droit maritime. Il est vrai que le mot « hypothèque » est d'origine grecque, mais il n'a servi qu'à désigner une institution déjà ancienne qui était née à Rome sous la pression de besoins nouveaux et qui s'y était développée (1).

Nous avons vu que la réalisation du contrat de *pignus* subordonnée à une remise de la possession de la chose, était fort incommode pour le débiteur, quelquefois même, impossible par suite de circonstances de fait. Il y avait une lacune à combler. Le préteur intervint et sanctionna d'abord par la délivrance d'un interdit, ensuite par une action, la simple convention par laquelle le débiteur affectait une chose à la sûreté de sa dette. Il y a lieu de penser que cette sanction n'eut, au début, d'autre effet que de permettre au créancier de compléter le contrat de gage qui n'avait été qu'ébauché, en ajoutant à la convention précédemment intervenue l'élément essentiel de la possession, de le mettre, en d'autres termes, dans la situation exacte d'un créancier gagiste. Comme lui, il ne pouvait vendre qu'en vertu d'une convention. Les Romains n'aimaient pas les innovations brusques; leur droit ne s'améliorait que

chose. Cependant, tout le monde ne l'admet pas. Cette question est très obscure.

1. L'expression employée à Rome avant l'introduction du mot « hypothèque » était : « *obligatio rei* ». Elle convenait parfaitement à la situation. La chose est, pour ainsi dire, constituée débitrice accessoire.

très-lentement ; c'était déjà beaucoup que de sanctionner la simple convention créatrice d'une sûreté réelle et on ne concevrait pas qu'ils y aient attaché, du premier coup, le *jus distrahendi*, lorsqu'ils le refusaient au créancier gagiste.

Le droit de vente du créancier hypothécaire trouve donc, lui aussi, sa source dans une convention intervenue entre les parties. Nous utiliserons bientôt cette donnée ; mais quelle a été sa marche ? Nous ne le savons pas exactement.

Il est très probable que l'évolution a été exactement la même que dans le *pignus* ; le gage et l'hypothèque ont dû marcher de front, la seconde donnant l'impulsion. Les textes ne font, en effet, aucune différence entre eux.

Avant d'en finir avec l'historique du droit de vente, disons quelques mots d'un pacte accessoire dont l'étude se rattache à notre sujet : c'est la *lex commissoria*, convention par laquelle les parties déclarent que, faute par le débiteur de payer à l'échéance, le créancier deviendra propriétaire du gage. Cette clause donne au créancier un droit beaucoup plus énergique que celui qui résulte d'un *pactum de distrahendo*.

En se plaçant à ce point de vue, on peut soutenir qu'elle constitue une innovation très hardie en matière d'exécution et par suite, qu'elle n'est intervenue qu'à une époque assez récente. Nous pensons, au contraire, qu'elle a précédé historiquement le *jus vendendi* ; elle offre, en effet, le moyen le plus simple, sinon le plus équitable, de dénouer la situation ; c'est celui qui a dû s'offrir, le premier, à la pensée des parties.

Il n'est pas utile d'insister pour mettre en lumière tous les inconvénients de la *lex commissoria*. Elle laissait le débiteur à la merci du créancier ; elle entraîna tant d'abus que l'empereur Constantin finit par la probiber (1). Mais cette prohibition n'atteignit que la clause qui intervenait au moment du contrat ; les parties restèrent libres de convenir ultérieurement que la chose serait acquise au débiteur moyennant l'extinction de la dette et cela se conçoit, car cette clause est consentie à un moment où le débiteur, n'ayant rien à demander au créancier, n'est plus contraint de subir ses conditions (2).

L'étude que nous avons faite sur l'origine du droit de vente nous permet de résoudre une question très délicate, celle qui a pour objet de déterminer le fondement juridique de ce droit.

Nous savons maintenant que le droit de vente, tant pour l'hypothèque que pour le gage, prend sa source dans une convention. Or cette convention par laquelle le propriétaire d'une chose autorise une autre personne à l'aliéner, ne peut être qu'un mandat. Notre manière de voir est confirmée par plusieurs textes. Ainsi Gaïus dans une énumération des personnes qui aliènent valablement sans être propriétaires, cite (3) : 1° *agnatus tutor furiosi* ;

1. L. 3, C. 8. 35.
2. M. Labbé, à son cours.
3. G. Com. 2, § 64.

2° *procurator* ; 3° *item, creditor pignus, ex pactione....* ; c'est-à-dire tout mandataire légal ou conventionnel du *dominus*. Le jurisconsulte Paul est, lui aussi, très explicite : *quia quod creditor agit, pro eo habendum est ac si debitor per procurationem egisset* (1). N'en résulte-t-il pas que l'idée de mandat n'est pas étrangère au *jus distrahendi*. Ajoutons que ce mandat n'apparait que comme une clause accessoire du *pignus* ou de l'hypothèque. Les parties n'exerceront jamais l'une contre l'autre, les actions *mandati directa vel contraria*. Les actions pignératitiennes seront seules, le cas échéant, mises en exercice.

Notre manière de voir trouve cependant des adversaires. On prétend quelquefois que le créancier hypothécaire vend en vertu d'un droit propre et que le mandat n'a rien à faire ici.

Ainsi le droit de vendre découlerait de l'hypothèque comme il découlait autrefois de la fiducie.

C'est là une affirmation que nous repoussons. On nous oppose que les droits reconnus au créancier vendeur sont incompatibles avec la qualité de mandataire ; il vend, en effet, à son heure, comme bon lui semble, il suffit qu'il n'agisse pas frauduleusement. L'objection n'aurait de valeur qu'autant que nous alléguerions qu'il s'agit ici d'un mandat ordinaire ; or, telle n'est pas notre pensée. On sait le rôle important que le mandat, grâce à sa flexibilité, a joué dans le développement du droit romain. Nous trou-

1. L. 27. D. 10. 2.

vons dans notre matière une de ces applications pratiques. Il serait malaisé de le définir exactement ; on pourrait dire cependant que c'est un mandat dans l'intérêt du mandataire et irrévocable. Lisons à ce sujet, le texte suivant de Pomponius :

Quamvis convenerit ut fundum pigneratitium tibi vendere liceret : nihilo magis cogendus es vendere, licet solvendo non sit is qui pignus dederit ; quia tua causâ id caveatur.... (*Pomponius*, L. 6. D. 13. 7).

Tout ce que nous avons dit se trouve résumé là dedans. Il y a mandat car on ne concevrait pas autrement que le jurisconsulte élevât le moindre doute sur la question de savoir si le créancier peut ou non être contraint de vendre ; et ce doute, il le tranche par la raison que nous avons donnée : c'est un mandat dans l'intérêt du mandataire. Il faut entendre dans le même sens la loi 42, D. 14. 1. où Papinien constate que : *in venditione..., suum creditor negotium gerat* ; et les différents textes qui emploient l'expression *jure suo* en faisant allusion à l'exercice du droit de vente par le créancier.

CHAPITRE II

VENTE DU BIEN HYPOTHÉQUÉ

1° Quelles sont les conditions d'exercice du droit de vente ?

2° Comment s'opère la vente ?

Telles sont les deux questions dont l'étude se rattache au présent chapitre.

Section I

Conditions d'exercice du droit de vente.

Le créancier ne peut user du droit de vente avant que la dette garantie ne soit échue. C'est là une condition essentielle et elle se conçoit fort bien, car la vente n'est qu'un moyen d'arriver au paiement.

Lorsque le créancier accorde un délai au débiteur, ce même délai affecte l'exercice du *jus distrahendi*.

Si paciscatur creditor ne intra annum pecuniam petat, intelligitur de hypotheca quoque idem pactus esse. Marcianus. L. 5 § 1. *D.* 20. 6.

Que décider dans l'hypothèse où la dette a plusieurs échéances échelonnées ? Le créancier a-t-il la faculté de vendre dès que le premier terme est échu ou doit-il attendre la dernière échéance ? Pomponius déclare que la solution de cette question dépend de la volonté des parties : on recherchera ce qu'elles ont voulu et on s'y conformera (1). Mais ce jurisconsulte ne tranche pas la question pour le cas où la convention ne donne aucun élément d'appréciation. Nous pensons qu'en principe, la vente peut avoir lieu après l'échéance de la première annuité. Le débiteur qui ne paie pas le premier terme, manque à ses obligations et l'hypothèque garantit toute la dette et chacune de ses parties.

D'ailleurs, sous cette seule réserve que la dette soit exigible, le créancier jouit d'une très grande liberté. Il vend quand bon lui semble. S'il aime mieux garder la possession de la chose, nul ne peut la lui enlever ou le contraindre à réaliser, alors même que la valeur du gage serait de beaucoup supérieure au montant de la créance. Le débiteur n'a qu'un moyen de faire cesser cette situation : c'est de vendre, lui-même, la chose hypothéquée et, sur le prix, de désintéresser le créancier (2).

Aucun texte n'impose au créancier l'obligation de mettre préalablement le débiteur en demeure. Nous en concluons que cette formalité n'était pas nécessaire. Tel a été l'avis des anciens commentateurs Cujas, Donneau, Pothier et cette solution est conforme à la logique. L'hypothèque a pour but de permettre au créancier de se payer, de ses

1. L. 8, § 13. D. 13, 7.
2. L. 6. Pr. D. 13, 7.

propres mains, sans faire intervenir le débiteur. La vente tend à la réalisation de ce but et n'a aucun rapport avec l'idée de responsabilités encourues par le débiteur, comme conséquence d'un retard fautif dans l'acquittement de sa dette. C'est le dénouement tout naturel et prévu par les parties de la situation créée par le contrat hypothécaire et lorsque le créancier y marche, il ne fait qu'exercer un droit que ce contrat lui a conféré. On le mettrait quelquefois dans l'impossibilité d'utiliser son hypothèque si on admettait la solution contraire. Par exemple, que la dette soit simplement naturelle, il ne peut plus être question d'une *mora* parce qu'il n'existe pas d'action.

Cependant, l'exécution ne se poursuit pas sans que le débiteur en reçoive l'avis. Le créancier doit lui adresser une ou plusieurs dénonciations, sous peine d'engager gravement sa responsabilité. L'inaccomplissement de cette formalité n'entraînerait pas la nullité de la vente.

On n'est pas d'accord sur le nombre des dénonciations qui doivent être faites. La L. 4, D. 13, 7 veut qu'il y en ait trois, mais seulement dans le cas où le contrat prohibe la vente. Paul en exige également trois même dans l'hypothèse où les parties ne se sont pas expliquées sur le *jus distrahendi* (1).

Comment concilier ces deux dispositions? Il y a là, croyons-nous, une antinomie plus apparente que réelle. Le gage et l'hypothèque ont subi des variations continuel-

1. Paul. Sent. L. 2, T. 5, § 1.

les ; tout revient à une question de temps. Au début, le droit de vente n'appartient au créancier qu'en vertu d'une concession expresse; lorsqu'elle est intervenue, une seule dénonciation suffit pour le mettre à couvert. Plus tard, le droit de disposer du gage se lie plus intimement à l'hypothèque ; il est sous-entendu mais on exige trois dénonciations pour le cas où la convention ne contient aucune clause relative à ce point. C'est à cette époque qu'intervient le texte de Paul. Enfin sous Justinien, l'évolution est terminée ; le *jus distrahendi* est de l'essence de l'hypothèque et trois dénonciations ne sont plus nécessaires qu'en présence d'une clause prohibitive. Cette clause cesse de lier le créancier ; elle l'oblige seulement à plus d'égards vis-à-vis du débiteur.

La dénonciation avait une grande utilité pour le débiteur ; elle le mettait à même de surveiller les agissements du créancier et de chercher des acheteurs.

Nous ne savons rien de précis sur l'intervalle qui devait s'écouler entre la dénonciation et la vente. Le premier texte relatif à cette matière est une constitution de Justinien dans laquelle l'empereur déclare qu'il faut, avant tout, consulter la loi du contrat et se conformer à la volonté des parties. Dans le silence du contrat, l'exercice du droit de vente est suspendu pendant deux ans (1). Mais lorsqu'il faut trois dénonciations, est-ce la première ou la dernière qui marque le point de départ du délai ? Nous supposons qu'il devait courir du jour de la première dénonciation ; les deux

1. 4. 3. C. 8. 34.

autres avaient pour objet de prévenir le débiteur que le dénoûment approchait.

La vente ne peut avoir lieu qu'en vertu d'une créance liquide. Si le débiteur dit au créancier : « je suis disposé à « vous payer, mais recherchons d'abord ce que je vous « dois », on ne voit trop à quel titre le créancier aurait le droit de passer outre. Il faut, bien entendu, qu'il s'agisse d'une contestation sérieuse. Cette solution paraît résulter de la loi 5, Code 8, 18, le seul texte que nous ayons trouvé sur ce sujet.

Le droit de vendre ne subsisterait pas moins alors même que la chose deviendrait inaliénable, après la constitution de l'hypothèque. A titre d'exemple, citons le cas où un immeuble hypothéqué serait ultérieurement frappé de dotalité (1).

Le débiteur ne pourrait pas empêcher la vente en se déclarant prêt à payer. Bien plus, des offres ne suffiraient pas ; il faudrait, en cas de refus, qu'elles fussent suivies de consignation. On a soutenu le contraire en alléguant que la loi 5 C. 8, 18 ne parle pas de la consignation, mais l'accomplissement de cette formalité est expressément exigé par la loi 8, *eodem titulo*, et rien ne prouve qu'elle ne soit pas sous-entendue dans le premier texte. Notre manière de voir est encore confirmée par un rescrit de l'empereur Gordien (2).

Tant que la vente n'a pas été suivie d'exécution, c'est-

1. L. 1. Pr. D. 23, 5.
2. L. 2. C. 8, 20.

à-dire, aussi longtemps que la chose n'a pas été livrée et le prix payé, le déplacement de propriété ne se produit pas et l'hypothèque continue de subsister. Le débiteur aurait-il le droit de contraindre le créancier à recevoir le paiement de sa créance? Non, parce que les choses ne sont plus entières. De même les créanciers postérieurs n'ont plus le *jus offerendæ pecuniæ* (1).

Section II

Comment s'opère la vente?

§ 1. — *Des formalités de la vente.*

La vente du gage n'était pas soumise, à Rome, aux formalités et aux nombreuses garanties dont notre législation l'a entourée. La justice n'intervenait pas dans cette procédure; le créancier vendait de gré à gré sans publicité d'aucune sorte. En vain, a-t-on voulu conclure du mot *proscriptio*, employé quelquefois au Digeste et au Code (2), que la vente devait être entourée d'une certaine publicité; il n'en est rien. Aucun texte, en effet, n'impose au créancier l'obligation de l'annoncer publiquement; nulle part, une sanction quelconque n'est édictée pour le cas où il ne l'aurait pas fait.

Il a dû se passer ici quelque chose d'analogue à ce que

1. L. 8. C. 8, 28. — L. 3. Pr. D. 20, 5.
2. L. 4. C. 8, 28. — L. 3, proc. c. 8, 34.

nous avons vu en matière de *denunciatio* ; le créancier, pour mettre à couvert sa responsabilité vis-à-vis du débiteur, avait intérêt à agir au grand jour, à annoncer la vente afin d'attirer des acheteurs mais l'opportunité de cette mesure était laissée à son appréciation ; il n'y avait pas de règle précise.

Il en était autrement lorsque la vente se faisait au nom du fisc. Ici les textes parlent formellement de la solennité de la vente, *solemnitas hastarum*, et déclarent qu'elle est nulle lorsque les formes prescrites ne sont pas observées. Il en résulte, une fois de plus, la preuve que les choses ne se passaient pas de la même façon lorsque le vendeur était un créancier hypothécaire ordinaire (1).

L'adjudication faite par le *procurator* du fisc n'était même pas définitive ; elle était résolue s'il se produisait, dans un certain délai, des offres plus élevées. Il y avait là quelque chose d'analogue à notre surenchère du sixième (2).

Dans l'hypothèse du *pignus in causa judicati captum*, ce n'était pas le créancier qui vendait lui-même ; la vente se faisait aux enchères publiques, deux mois après la saisie, par l'autorité et sous la direction du magistrat.

Nous avons dit que le créancier hypothécaire n'était soumis, pour l'exercice du droit de vente, à aucune formalité déterminée par la loi d'une façon positive. Il était seulement astreint à une obligation générale ; il devait agir de bonne foi, *sibi bona fide rem gerere*. En manquant à ce

1. L. 3. C. 2, 37. — L. 1, 1, 2, C. 10, 3.
2. L. 4. C. 10, 3.

devoir, il engageait sa responsabilité vis-à-vis du débiteur, mais la vente n'était pas nulle. Pour que la vente pût être annulée, il fallait que le créancier coupable de dol fût insolvable et que l'acheteur eût été *particeps fraudis*. Le débiteur pouvait alors en remettant à l'acheteur le prix avec les intérêts, réclamer de lui la restitution de la chose et des fruits. On voit que c'était là une sorte d'action paulienne (1).

§ 2. — *Qui peut vendre et qui peut acheter?*

1° Qui peut vendre?

Incontestablement, le premier créancier hypothécaire, mais faut-il accorder aussi cette faculté aux créanciers postérieurs? C'est une des questions les plus controversées de la matière.

Pour la résoudre, nous avons à rechercher quelle est exactement la situation des créanciers postérieurs vis-à-vis de celui qui occupe la première place. Un premier point est hors de doute; le débiteur n'a pu, en leur concédant une hypothèque, porter atteinte aux droits du premier créancier dont la situation reste entière. Ainsi, lorsque le second créancier exercera l'action hypothécaire, il triomphera contre tout possesseur de la chose hypothéquée, à moins que ce possesseur ne soit le premier créancier, auquel cas il se verra repoussé par l'exception : *Si non mihi ante pignori hypothecæve nomine, sit res obligata* (2).

1. L. 7. C. 8, 28. — L. 1. C. 8, 30.
2. L. 12. Dig. 20, 4.

On lui donne un moyen très simple de trancher la difficulté ; ce moyen qui consiste dans l'exercice du *jus offerendæ pecuniæ*, lui permet de devenir, lui-même, créancier *prior*. Supposons qu'il n'ait rien fait à cet égard et qu'il ait, d'ailleurs, obtenu la remise de la chose soit du débiteur, soit d'un tiers. Le voilà en possession, mais il n'a ainsi tiré de l'hypothèque qu'une partie des avantages qu'elle confère ; peut-il user de l'avantage le plus important, c'est-à-dire du *jus distrahendi* toujours sous réserve des droits du premier créancier, car il est certain que la vente ne sera jamais opposable à celui-ci ? Ou bien, doit-on décider que cette vente sera nulle *erga omnes* de telle sorte que la nullité pourra être invoquée par le débiteur ou par les créanciers venant, dans l'ordre des hypothèques, après celui qui a vendu ?

Cette dernière solution est inacceptable. Quelle raison, en effet, le débiteur alléguerait il contre la validité de la vente ? En conférant une hypothèque à son créancier, ne lui a-t-il pas permis par cela même de la faire valoir, d'en tirer tous les avantages qu'elle est susceptible de procurer ? Quant aux créanciers postérieurs, ils n'ont pas à rechercher si celui qui a vendu et qui les primait, n'avait une hypothèque qu'en deuxième ou en troisième ordre. Il était à leur égard, créancier *prior* ; cette situation le met à l'abri de toutes leurs critiques.

Ainsi, le créancier hypothécaire, quel que soit son rang, a le droit de vendre la chose hypothéquée. Telle est, du moins, la solution qui découle des principes. Voyons maintenant si les textes la contredisent.

Ceux qui combattent notre manière de voir définissent la situation du créancier postérieur en alléguant qu'il n'a qu'une hypothèque conditionnelle, pour le cas où le premier créancier viendrait à être désintéressé.

Il en résulte, tout d'abord, que si au moment où la condition s'accomplit, la chose hypothéquée n'est plus *in bonis debitoris*, l'hypothèque ne naît pas; de plus, le créancier hypothécaire n'a le droit de vendre que le jour où il vient occuper la première place par suite de la disparition de la créance qui le primait, parce que c'est à ce moment seulement que son droit se réalise. On cite à l'appui de ce système une loi célèbre (1), dans laquelle Africain pose l'espèce suivante : Titia a hypothéqué successivement une *res aliena* à Titius et à Mœvius; elle en devient plus tard propriétaire et la donne en dot à son mari avec estimation de telle sorte que cette chose sort de son patrimoine non-seulement en fait, mais aussi en droit; ensuite, elle paie Titius. L'hypothèque de Mœvius devient-elle efficace à la suite de ce paiement? Non, répond le jurisconsulte, parce que la chose n'appartient plus au débiteur : *tunc enim priore dimisso sequentis confirmatur pignus, cum res in bonis debitoris inveniatur.* Voilà la phrase dans laquelle on a voulu trouver la confirmation du principe d'après lequel le second créancier n'aurait qu'une hypothèque conditionnelle. L'ar-

1. L. 8, § 3, D. 20, 4.

gument est mauvais ; il s'agit, en effet, dans notre loi, d'une hypothèse toute spéciale, de l'hypothèque de la chose d'autrui. En pareil cas, l'hypothèque est nulle ; cependant le préteur donne dans certains cas, *causa cognita* et à titre de faveur, une action utile au créancier (1). Or, ici, le préteur accorderait bien cette faveur à Titius, premier créancier, parce qu'au moment où la chose est acquise par le débiteur, son droit peut s'exercer utilement. Il la refuse au contraire à Mœvius parce qu'aussi longtemps que Titius n'a pas été désintéressé, elle serait sans efficacité, et que, plus tard, il ne veut pas porter atteinte aux droits du mari qui est devenu de bonne foi propriétaire.

Le texte insiste sur cette question de bonne foi ; il nous montre que si le mari s'était rendu complice de la fraude de Titia, Mœvius n'aurait pas à souffrir de l'aliénation. En résumé, il s'agit de deux hypothèques constituées sur la chose d'autrui et, par suite, nulles *ab initio*. Le magistrat, à raison de certaines circonstances, valide la première tandis qu'il abandonne la seconde à son sort naturel. Il est donc impossible de tirer de ce texte aucun argument pour ou contre les droits d'un second créancier hypothécaire en général. Celui dont s'occupe Africain est dans une situation toute spéciale et le raisonnement du jurisconsulte porte en entier là-dessus.

On invoque aussi contre notre opinion la loi 15, § 2. D. 20, 1. qui s'occupe du cas où le débiteur constitue une

1. L. 1. Pr. D. 20, 1.

seconde hypothèque ; il ne doit pas laisser ignorer au créancier qu'il existe déjà une première hypothèque sous peine de commettre un dol. C'est pourquoi, dit Gaïus, *prædicere solent alii nulli rem obligatam esse quam forte Lucio Titio, ut in id quod excedit priorem obligationem res sit obligata, ut sit pignori hypothecæve id quod pluris est, aut solidum cum primo debito liberata res fuerit.* Mais on ne doit voir là que des formules courantes au moyen desquelles le débiteur, timoré à l'excès, veut mettre à couvert sa responsabilité. C'est comme s'il disait au créancier : « je vous avertis qu'il existe déjà une hypothè- « que sur la chose ; il est donc bien entendu que vos « droits sont restreints par ceux du premier créancier ». La fin du texte nous montre, lui-même, le cas que l'on faisait des restrictions introduites par le débiteur ; parlant de la première, Gaïus prend soin de déclarer que bien que le débiteur n'ait paru hypothéquer que *l'hyperocha*, on entendait bien qu'il avait hypothéqué la chose entière.

Voici le sens dans lequel nous entendons la loi 25 : la déclaration, *rem obligatam esse Lucio Titio*, est nécessaire et suffisante pour dégager la responsabilité du débiteur ; s'il n'ajoute rien de plus, la seconde hypothèque n'est affectée d'aucune condition ; voilà le principe. Mais il est libre et il le fait souvent par excès de précaution, de ne la concéder que sous cette condition expresse, *cum primo debito res liberata fuerit.*

Enfin, nos adversaires tirent encore un argument des textes qui disent que le second créancier, lorsqu'il a poursuivi la vente, *nullo jure titulo pignoris vendidit* (1). Nous répondrons qu'il faut entendre ces mots *secundum subjectam materiam* ; or si nous considérons, entre autres hypothèses, celle dans laquelle se place Papinien, il est hors de doute que sa décision n'a d'autre objet que de sauvegarder les droits du créancier *prior*.

Pour que le système qui permet au débiteur et aux créanciers postérieurs de faire annuler la vente consentie par un créancier autre que le premier, fût admissible, il faudrait trouver dans ce sens des textes formels. Ces textes n'existent pas. Donc tout créancier hypothécaire, quel que soit son rang, peut vendre le gage sous réserve des droits du *prior*.

Avant d'exercer son droit de vente, le créancier se fera mettre, généralement, en possession, mais ce n'est pas une condition indispensable (2).

Nous arrivons maintenant à notre seconde question.

2° Qui peut acheter ?

En principe, tout le monde ; mais cette règle souffre quelques exceptions.

La première vise le créancier qui opère la vente. Les deux qualités de vendeur et d'acheteur sont incompatibles et cela se conçoit d'autant mieux que la vente du gage a lieu à l'amiable (3). On ne veut pas que le créancier se

1. L. 1, D. 20, 5.

2. L. 13, D. 20, 5.

3. En cas d'hypothèque judiciaire, la vente se fait aux enchères par les soins des *executores* Le créancier a la faculté de se porter adjudicataire (L. 2, C. 8, 23).

trouve placé entre son intérêt et son devoir. S'il achète soit par lui-même, soit par personne interposée, l'acte est nul ; le contrat de gage continue de subsister. Le débiteur peut encore dégager la chose en payant sa dette (1).

Il ne faut pas confondre cette hypothèse avec celle où le débiteur consent à vendre la chose au créancier. Un tel acte, distinct aussi de la *lex commissoria*, est parfaitement valable (2).

Le débiteur ne pourrait acheter le gage. Nous avons à peine besoin de le dire, car il y aurait là un non sens juridique : *emptio rei propriæ*. La loi 40, Pr. D. 14, 1, prévoit cependant le cas où il s'est porté acquéreur. La vente est non avenue et la situation antérieure ne subit aucune modification. Le créancier n'a pas contre lui l'*actio venditi* pour le contraindre à payer le prix et, d'autre part, le débiteur n'a, comme par le passé, d'autre moyen de se faire remettre la chose par le créancier, que de lui payer tout ce qu'il lui doit (3).

Le créancier postérieur et la caution sont également exclus de la vente (4). Cette exclusion s'explique par des considérations d'une nature particulière car les principes généraux ne s'opposent nullement à ce que ces deux personnes viennent jouer le rôle d'acquéreur. Si, en fait, elles ont acheté, on dénature l'opération. On considère que le

1. L. 10, C. 8, 18. Paul. Sent., L. 2, T. 13, § 4.
2. L. 12, D. 20, 5.
3. L. 39, Pr. D. 18, 1.
4. L. 5, § 1, D. 20, 5.

créancier postérieur n'a pas eu l'intention de devenir propriétaire de la chose vendue, mais qu'il a voulu simplement conserver son gage, et on en tire cette conséquence que le débiteur peut reprendre la chose en le désintéressant (1). De son côté, la caution est réputée avoir voulu, en payant le prix de vente, éteindre la dette du débiteur ; la vente n'a d'autre effet que de la mettre au lieu et place du créancier désintéressé. Si elle prétendait avoir eu réellement l'intention de devenir propriétaire, on lui objecterait que sa qualité de caution, impliquant l'idée d'un service rendu, ne lui permet pas de spéculer. Le débiteur peut donc lui reprendre la chose en lui remettant ce qu'elle a payé et le créancier postérieur, s'il y en a un, conserve vis-à-vis d'elle le *jus offerendæ pecuniæ* (2).

Notons, avant de quitter ce sujet, que la vente d'une servitude prédiale rurale ne pouvait avoir lieu qu'au profit d'un propriétaire voisin du fonds grevé de servitude. C'était là une conséquence forcée du caractère de ce droit. Quant aux servitudes prédiales urbaines, elles n'étaient pas susceptibles d'hypothèque. Il n'y aurait eu, en effet, qu'un ou deux voisins intéressés à acquérir la servitude hypothéquée. Le manque de concurrence aurait empêché la détermination d'un prix sérieux.

1. L. 6, D. 20, 5.
2. L. 2, D. 20, 5.

§ 3. — *Du cas où le créancier ne trouve pas d'acquéreur.*

Nous supposons que la situation créée par l'hypothèque ne peut se dénouer par une vente, faute d'acquéreur.

Autrefois, dans le droit classique, les parties avaient la faculté, et elles en usaient peut-être souvent en prévision du cas qui nous occupe, de faire intervenir une clause spéciale, la *lex commissoria*, sur laquelle nous nous sommes déjà expliqué. Cette convention a été formellement prohibée par Constantin.

Le créancier avait encore un autre moyen de se tirer d'affaire; c'était de se faire vendre la chose ; mais l'expédient suppose nécessairement le consentement du débiteur.

Restait, enfin, une dernière solution : la *domini impetratio*. Le créancier s'adressait à l'empereur et demandait que le gage lui fût attribné en propriété. Il devait préalablement procéder à la *denunciatio* et à la *proscriptio*. Si après que ces formalités avaient été remplies, aucun acheteur ne se présentait, on exigeait encore de lui qu'il adressât une dernière interpellation au débiteur. Lorsque toutes ces démarches étaient restées infructueuses, l'empereur lui attribuait la possession du gage *jure domini*.

Après l'*impetratio*, le débiteur avait encore une année pour payer sa dette et dégager la chose. Pendant ce délai, le créancier hypothécaire était considéré comme propriétaire sous condition suspensive, et le jurisconsulte Typhonius en tirait cette conséquence que le trésor trouvé sur le fonds devait être remis pour moitié au débiteur lorsque celui-ci usait de son droit de retrait. Après l'année, la chose était définitivement attribuée au créancier moyennant estimation (1).

Justinien réglemente à nouveau le *jus dominii impetrandi*. Il déclare que la *proscriptio* n'est plus nécessaire comme formalité préalable, mais nous avons vu que le créancier n'a le droit de vendre que deux ans après la dénonciation adressée au débiteur. Ce temps écoulé et à défaut d'acquéreur, il avertit le débiteur ou, en cas d'absence de celui-ci, s'adresse au magistrat qui fixe un certain délai pendant lequel toute mesure d'exécution est suspendue dans l'espoir que le débiteur interviendra. C'est à l'expiration de ce délai, que l'empereur attribue le gage au créancier, mais on laisse au débiteur la faculté d'exercer le retrait pendant deux ans. Lorsque le *biennium luitionis* a pris fin, le créancier devient propriétaire incommutable sauf une estimation qui peut le constituer lui-même débiteur, ou bien qui lui laisse une action personnelle pour l'excédant (2).

On voit que l'*impetratio dominii* produit des effets tout particuliers et qui diffèrent sensiblement de ceux qui résultent de la *distractio pignoris*. La vente, régulièrement faite, éteint complètement le contrat hypothécaire ; l'*impetratio dominii* n'aboutit pas de suite à ce résultat.

Envisagée en elle-même, l'attribution du gage prononcée par l'empereur offre cependant les apparences de la

1. L. 1, C. 8, 34. — L. 63, § 4. D. 41, 1.
2. L. 3, C. 8, 34.

vente. En réalité, c'est une *datio in solutum*. Les jurisconsultes n'étaient pas d'accord sur le caractère de cet acte. Les uns y voyaient un paiement ; les autres une vente. Le principal intérêt de la question apparaissait lorsqu'il s'agissait de déterminer la nature de l'action accordée au créancier en cas d'éviction.

Ceux qui traitaient la *datio in solutum* comme un paiement, lui donnaient l'action de la créance parce que l'événement démontrait que sa créance n'avait pas été éteinte. Au contraire, les partisans de la seconde opinion lui accordaient l'action en garantie du contrat de vente. Une loi d'Ulpien (1) nous montre que la controverse s'était produite relativement à la *dominii impetratio* ; ce jurisconsulte émet l'opinion qu'il y a vente.

La situation du créancier qui a une hypothèque judiciaire, offre, en matière de *dominii impetratio*, quelque chose de singulier. Lorsque sur la mise aux enchères faites par les officiers de justice, nul ne se présente pour se rendre adjudicataire, le créancier peut demander que la chose lui soit attribuée. Cette attribution a lieu en représentation de la somme qui lui est due ; elle éteint la créance en entier. Quelle que soit la valeur relative de la chose, le créancier et le débiteur n'ont jamais rien à réclamer l'un de l'autre. Le *biennium luitionis* n'existe pas (2).

1. L. 24, Pr. D. 13, 7.
2. L. 3, C. 8, 33, L. 15, § 3, D. 42, 1.

CHAPITRE III

EFFETS DE LA VENTE

Nous grouperons dans deux sections les matières qui se rattachent à ce chapitre. La première section sera consacrée à l'étude des obligations qui résultent de la vente et la seconde, à l'étude des effets produits par la vente sur l'ensemble de la situation hypothécaire.

SECTION I

Obligations qui naissent de la vente du bien hypothéqué.

Ces obligations peuvent affecter diverses personnes. Nous les exposerons dans un ordre méthodique en envisageant successivement les rapports créés par la vente :

1° Entre le créancier et l'acheteur ;

2° Entre le débiteur et l'acheteur ;

3° Entre le créancier et le débiteur.

§ 1. — *Rapports entre le créancier hypothécaire et l'acheteur.*

La vente produit ses effets ordinaires qui consistent dans

l'obligation pour le vendeur, de livrer, et pour l'acheteur, de payer le prix.

Le créancier hypothécaire aura eu soin, le plus souvent, de se faire mettre préalablement en possession du gage. Son obligation de livrer s'exécutera alors d'une façon toute naturelle. Dans le cas contraire, il donnera l'ordre au détenteur de remettre la chose à l'acheteur et, au besoin, cédera à celui-ci son action hypothécaire (1).

L'acheteur doit payer son prix au créancier vendeur sans avoir à se préoccuper s'il excède ou non la créance. Cela ne le regarde pas ; le paiement intégral entre les mains du vendeur le libère complètement, tandis que sa responsabilité pourrait se trouver engagée s'il remettait l'excédant soit au débiteur, soit aux autres créanciers hypothécaires.

La tradition accompagnée du paiement du prix transfère à l'acheteur la propriété de la chose vendue pourvu que le débiteur fût, lui-même, propriétaire au moment de la concession de l'hypothèque. Dans le cas contraire, il aura la ressource d'usucaper.

Mais qu'arrivera-t-il si l'acheteur est évincé ? Dans quelle mesure le créancier répondra-t-il de l'éviction ? C'est une question très délicate ; elle ne peut être résolue qu'en faisant des distinctions (2).

1. L. 13, D., 20, 5.

2. Pour l'étude de la garantie dans le cas d'une vente faite par le créancier hypothécaire, voir un traité de notre savant professeur M. Labbé : *De la garantie*, p. 36 à 51. Nous avons largement puisé à cette source.

Il faut se demander, avec Paul, si le créancier a vendu *jure communi* ou *jure pignoris* (1).

Première hypothèse. — Le créancier vend *jure communi* lorsqu'il se présente comme un vendeur ordinaire.

Il est tenu dans ce cas, si l'acheteur est évincé, de l'obligation de garantie conformément au droit commun. L'acheteur recourt contre lui soit par l'action *ex empto*, pour se faire indemniser du préjudice que lui cause l'éviction, soit par l'action *ex stipulatu* née de la *stipulatio duplæ*, sous-entendue dans toutes les ventes de quelque importance, pour se faire payer le double du prix.

Le résultat serait le même si le créancier, en déclarant sa qualité, s'était expressément soumis à l'obligation de garantie.

Jusqu'ici nous ne trouvons aucune difficulté. Nous aurons seulement à voir plus loin si le créancier tenu *de evictione*, n'avait pas un recours contre le débiteur.

Deuxième hypothèse. — La vente a eu lieu *jure pignoris*; le créancier a déclaré qu'il agissait en cette qualité. *Quid?*

Dans le chapitre I, nous avons insisté sur ce principe que le *jus vendendi* découlait de l'idée de mandat. Le créancier vendeur est en quelque sorte le mandataire du débiteur. A ce titre, il devrait être garant de l'éviction, mais on ne l'a pas admis parce que cette solution l'eût placé dans une situation très difficile. Ce n'est pas pour son bon plai-

1. L. 59, § 4, D., 17, 1.

sir qu'il vend le gage ; il ne le fait que par nécessité et pour obtenir par ce moyen le paiement de sa créance. On devait le ménager.

La mesure de sa responsabilité nous est indiquée par le texte suivant :

Et si is qui lege pignoris emit, ob evictione rei redire ad venditorem non potest, tamen non esse audiendum creditorem qui fundum vendidit, si velit ejus rei ex alia causa quæstionem movere (*Paulus*, l. 10, D. 20, 5).

Ainsi, le créancier n'est pas garant de l'éviction. Bien plus, il peut nonobstant cette éviction demander le paiement du prix (1). Il doit seulement céder à l'acheteur son action *pigneratitia contraria* afin de lui permettre de se faire indemniser par le débiteur qui a commis une faute en hypothéquant la chose d'autrui (2). Mais Paul prend soin de nous dire que s'il ne répond pas des suites de l'éviction, il est tenu de cette espèce de garantie qui consiste à s'abstenir de tout acte de nature à troubler la sécurité de l'acheteur. Devient-il, par exemple, l'héritier du véritable propriétaire? On lui refuse le droit de revendiquer ou du moins, son action en revendication sera repoussée par une exception.

Le principe étant posé, voyons quelles sont le réserves qu'il convient d'y apporter.

1° Le créancier répond de son dol. Il doit agir avec la plus entière bonne foi et ne rien cacher à l'acheteur. S'il

1. L. 68, Pr. D. 21, 2.
2. L. 38, D. 21, 2.

sait que le débiteur n'était pas propriétaire au moment de la constitution de l'hypothèque, il est tenu de le déclarer.

C'est ce que décide formellement le texte suivant :

Sententiam Juliani verissimam esse arbitror in pignoribus quoque : nam si jure creditoris vendiderit, deinde hæc fuerint evicta, non tenetur nec ad pretium restituendum ex empto actione creditor : hoc enim multis constitutionibus effectum est. Dolum plane venditor præstabit : denique etiam repromittit de dolo, sed etsi non repromiserit, sciens tamen sibi non obligatam, vel non esse ejus qui sibi obligavit, vendiderit, tenebitur ex empto quia dolum eum præstare ostendimus. Ulpianus. L. 11, § 16. D. 19, 1.

2° Le créancier vendeur est garant d'un défaut de droit dans sa personne.

Il n'avait pas le droit de vendre ou sa créance n'était pas valable ou bien la chose n'était pas valablement hypothéquée ou enfin, il était primé par un autre créancier qui est venu évincer l'acheteur. Dans tous ces cas, sans qu'on ait à rechercher s'il a agi ou non de bonne foi, un recours en garantie est ouvert contre lui.

Cette deuxième réserve se fonde sur un rescrit de l'Empereur Alexandre Sévère. Nous le reproduisons en entier parce que nous aurons à y revenir.

Cum jure debitoris propter fisci debita procurator meus venumdedit, evictio non debetur : quia et privatus creditor eodem jure utitur : nisi nominatim hoc repromissum a privato fuerit creditore. Si tamen fiscus in jus alterius creditoris successit, emptori non justa nomine fisci movetur controversia; sive quia potior fuerat, quando vendebat sive quia infirmior, quoniam hoc utique præstare debet, qui pignoris jure vendit, potiorem se cæteris esse creditoribus. Alexander, L. 1, C. 8, 46.

Nous ne prenons, pour le moment, que la dernière phrase de ce rescrit. Il en résulte que le créancier, même de bonne foi car le texte ne distingue pas, est garant de l'éviction provenant de l'infirmité de son droit. *A fortiori,* sa responsabilité est-elle engagée lorsque l'éviction est la conséquence d'un défaut de droit dans sa personne.

Cette règle est équitable. On comprend très bien que le créancier ne soit pas recherché lorsque l'éviction résulte d'un défaut de droit *ex persona debitoris,* car l'acheteur évincé peut alors recourir contre celui-ci. Dans le cas, au contraire, où le créancier n'avait pas le droit de vendre, est-il admissible qu'on lui permette, en invoquant sa bonne foi, de dégager sa responsabilité ? Non assurément ; ce serait faire tomber tout le poids de l'éviction sur le tiers acquéreur ; dans ce cas, en effet, il n'a rien à demander au débiteur ; la perte doit être supportée par le créancier imprudent.

Cependant, la doctrine que nous venons d'exposer, a été combattue (1). On a soutenu que le créancier vendeur ne répondait que de son dol. Ainsi, a-t-il vendu sans droit ? Il n'est garant que dans le cas où il a agi sciemment.

Ce système trouverait sa confirmation dans la loi d'Ulpien

1. Vernet. *Théorie des obligations.*

dont nous avons reproduit précédemment le texte. Le jurisconsulte voulant nous indiquer des cas de dol, suppose que le créancier a vendu *sciens tamen sibi non obligatam vel non esse ejus qui sibi obligaverit* et il en tire cette conséquence qu'il est obligé à la garantie parce qu'il promet toujours l'absence de dol. Or, dit-on, le premier exemple serait mal choisi s'il était vrai que le défaut de droit dans la personne du créancier, le soumet à la garantie même en l'absence de dol. Pour lui donner quelque portée, il faut admettre que le créancier ne garantit même pas l'existence du droit en vertu duquel il vend. Quant au rescrit d'Alexandre Sévère (1) on l'explique en alléguant qu'il vise l'hypothèse où c'est le créancier vendeur qui veut lui-même inquiéter l'acheteur. Le créancier, même non garant, doit s'abstenir de toute recherche de nature à inquiéter le tiers acquéreur qui a traité avec lui. C'est ce que répète le rescrit après le jurisconsulte Paul (2).

Cette doctrine repose sur une base bien fragile : un argument *a contrario*. Ulpien décide que le créancier est garant lorsqu'il sait avoir vendu sans droit ; conclure de là qu'il échappe à toute responsabilité s'il a agi de bonne foi, nous paraît très hasardé d'autant que le jurisconsulte n'a d'autre préoccupation que de citer un cas de dol ; il est manifeste que sa pensée ne va pas au-delà.

De plus, M. Labbé fait remarquer que l'Empereur dans son rescrit ne raisonne pas comme Paul dans la loi 10 *de*

1. L. 1. C. 8, 46.
2. L. 10, D. 20, 5.

distr. pign. Il ne dit pas : le créancier ne peut évincer son acheteur même lorsqu'il n'est pas son garant ; il refuse le droit d'évincer parce que dans l'espèce, le créancier est garant : *Hoc utique præstare debet qui pignoris jure vendit, se potiorem cæteris esse.*

Cette formule très claire nous paraît ne laisser place à aucun doute sur l'inadmissibilité du système de nos adversaires qui conduirait, d'ailleurs, ainsi que nous l'avons montré par anticipation, à des résultats très injustes.

Nous arrivons à cette conclusion :

1° Le créancier garantit son droit de vendre comme créancier hypothécaire ;

2° Toutes les fois que l'éviction provient d'un défaut de droit dans la personne du débiteur qui a constitué l'hypothèque, la responsabilité du créancier n'est pas engagée sauf le cas de dol.

§ 2. — *Rapports entre l'acheteur et le débiteur.*

La vente du gage ne crée de rapports obligatoires qu'entre le créancier vendeur et l'acheteur. Exceptionnellement, le débiteur peut être tenu vis-à-vis de l'acheteur ou réciproquement. Examinons successivement ces deux hypothèses.

I. — L'acheteur est évincé par suite d'un défaut de droit dans la personne du débiteur qui a constitué l'hypothèque. Le créancier a vendu de bonne foi de sorte qu'il ne répond pas de l'éviction. L'acheteur, désarmé de ce côté, doit avoir un recours contre le débiteur car celui-ci a été libéré par la vente du gage et il serait injuste qu'il pût s'enrichir aux dépens d'autrui.

Les textes confirment cette solution, mais on n'est d'accord ni sur la nature, ni sur la portée de l'action donnée à l'acheteur.

1° Dans la L. 38, D. 21, 2, Ulpien permet à l'acheteur d'exiger de son vendeur la cession de l'action *pigneratitia contraria* qu'il aurait pu exercer contre le débiteur si le propriétaire lui avait enlevé la chose à lui-même.

2° Dans la loi 24, Pr. D. 13, 7, le même jurisconsulte accorde à l'acheteur évincé l'action *utilis ex empto.* Il s'agit ici d'une hypothèse toute spéciale, du cas où le créancier a obtenu de l'Empereur le *jus dominii*. Ulpien lui refuse l'action *pigneratitia* parce que le *jus pignoris* se trouve éteint par le fait de cette attribution ; il le traite désormais comme un acheteur et lui donne l'action de la vente pour obtenir soit le montant de sa créance ce qui, en général, le désintéressera, soit la réparation intégrale du dommage que lui cause l'événement.

3° Tryphoninus dans la L. 12, § 1, D. 20, 5, donne une action utile sans indiquer quelle elle est. En rapprochant ce texte de la L. 49. D. 3, 5, on serait porté à croire qu'il s'agit d'une action *negotiorum gestorum contraria.* Mais cette solution est très contestable parce que l'acheteur qui paie son prix, n'entend pas faire l'affaire du débiteur ; l'intention de rendre service à autrui est une des conditions de la formation du quasi-contrat de gestion d'affaires.

4° Enfin, Hermogénien, à l'exemple d'Ulpien, parle dans la L. 74, § 1, D. 21, 2, de *l'actio utilis ex empto*. Il convient, toutefois, de noter que l'acheteur n'obtiendra, le texte le dit formellement, que le montant du prix de vente en y joignant les intérêts et déduction faite des fruits qu'il n'a pas été obligé de restituer au vrai propriétaire. Hermogénien se place dans l'hypothèse d'un *pignus in causa judicati captum*.

Étant donné ces textes, nous avons à rechercher quel est le principe de l'action dirigée contre le débiteur par l'acheteur évincé.

M. Jourdan (1) pense que ce recours découle uniquement du principe que nul ne doit s'enrichir aux dépens d'autrui et qu'il est absolument étranger à toute idée de garantie du chef du débiteur car, dit-il, le débiteur n'a pas personnellement vendu et, d'autre part, le créancier n'a pas vendu comme son mandataire mais *jure proprio*. Il est vrai que Hermogénien parle d'une action *utilis ex empto*, mais qu'est-ce que l'acheteur obtient? Est-ce la réparation du préjudice que lui cause l'éviction? Nullement; il se fait rembourser de son prix parce que dans la mesure de ce prix, le débiteur s'est enrichi injustement. Cette action, quel que soit son nom, n'a donc rien de commun avec une action en garantie.

En résumé, si l'on excepte la deuxième loi d'Ulpien sur laquelle on ne peut faire fond parce qu'elle vise une hypo-

1. *De l'hypothèque*, p. 534 et suiv.

thèse spéciale, tous les textes qui s'occupent de la matière n'ont d'autre objet que d'indiquer les procédés divers auxquels on a eu recours pour empêcher un enrichissement du débiteur au détriment de l'acheteur.

Tel n'est pas notre avis. Nous pensons, au contraire, que l'idée de mandat, sans être prédominante, a toujours joué un rôle dans la vente du gage et que le créancier vendeur se présentait, en quelque sorte, comme le *procurator* du débiteur constituant. L'action visée par le texte d'Hermogénien n'est autre qu'une action en garantie donnée contre le débiteur comme si l'acheteur avait traité avec lui.

Plaçons-nous, en effet, dans l'hypothèse d'un gage conventionnel et non plus judiciaire. La constitution de l'hypothèque emporte pouvoir d'aliéner et, nous venons de le dire, le créancier vendeur agit en qualité de *procurator*. Il s'agit ici d'un *procurator præsentis*, car le mandat est facile à prouver et on a fini par admettre que le *procurator præsentis* était non-seulement celui qui avait été constitué devant le magistrat mais celui aussi dont le mandat était certain. Le § 331 des *Frag. Vat.* nous montre que dans un procès on assimilait le *procurator præsentis* au *cognitor*, de telle sorte que l'*actio judicati* était donnée au mandant ou contre lui.

Cette jurisprudence qui réalisait dans la personne du mandant les effets des actes accomplis par le mandataire muni d'un pouvoir certain, a été appliquée même aux contrats, ainsi que l'indiquent les §§ 328 et 332 *Frag. Vat.*

Et alors, nous sommes autorisé à dire que l'*actio ex empto* a pu être donnée, *utilitatis causa*, contre le débiteur constituant.

Le texte d'Hermogénien constate que cette solution très rationnelle a été étendue, à la longue, car Hermogénien n'apparaît que fort tard, du gage conventionnel au *pignus in causa judicati captum.*

Mais alors comment se fait-il que l'acheteur évincé au lieu d'obtenir *id quod interest*, n'ait droit qu'à la restitution du prix? La loi 74, § 1, D. *de evictionibus* ne va pas au-delà.

C'est ici qu'intervient le second texte d'Ulpien. Nous ne contestons pas que ce jurisconsulte vise un cas tout spécial; on ne peut méconnaître cependant que le créancier après la *dominii impetratio*, se trouve dans une situation très analogue à celle d'un tiers acquéreur. Ulpien n'hésite pas, en lui accordant l'action de la vente, à lui faire obtenir la réparation de tout le dommage que lui cause l'éviction. Il n'y a aucune raison pour donner au tiers acquéreur une situation moins favorable. En définitive, la vente a eu lieu dans l'intérêt du débiteur et parce qu'il l'a bien voulu. Sa responsabilité doit être la même que celle d'un vendeur ordinaire.

Toutefois, dans l'hypothèse d'un *pignus in causa judicati captum* où le débiteur joue un rôle purement passif, où la vente se poursuit contre son gré, il était juste de limiter sa responsabilité au profit que l'opération lui avait procuré.

En résumé, lorsque l'éviction provient d'un défaut de droit dans la personne du débiteur constituant, l'acheteur privé de tout recours contre le créancier de bonne foi, peut intenter contre le débiteur :

1° Soit l'action *pigneratitia contraria* qu'il se fait céder par le créancier vendeur ;

2° Soit l'action *utilis ex empto*, action en garantie par laquelle il obtient la réparation intégrale du préjudice que lui cause l'éviction, à moins qu'il ne s'agisse d'un *pignus in causa judicati captum*, auquel cas la condamnation prononcée contre le débiteur se restreint à la mesure de son enrichissement.

II. — Le débiteur n'a, en principe, aucune action contre l'acheteur. Il en serait autrement si le créancier, devenu insolvable, avait vendu frauduleusement de concert avec l'acheteur.

§ 3. — *Rapports entre le créancier et le débiteur.*

Le créancier, après la vente du gage, doit rendre compte au débiteur des sommes qu'il a touchées. S'il y a une *hyperocha* et à défaut d'autres créanciers hypothécaires, il la lui remet en y ajoutant les intérêts dans certains cas, à savoir : s'il a fait un placement pour son compte ou pour le compte du débiteur ; s'il l'a employée pour son usage ; s'il est en demeure (1).

1. L. 6, § 1, D., 13, 7. — L. 37, § 1, D., 3, 5. — L. 32, § 2, D., 22, 1.

Lorsque le créancier ne réclame pas l'excédant du prix sur sa créance, le débiteur peut se faire céder, aux risques et périls du créancier, son action contre l'acheteur (1).

Il arrive quelquefois que le prix de vente ne suffit pas pour solder toutes les dettes du même créancier qui étaient garanties par la chose vendue. Alors surgit la question de savoir comment doit se faire l'imputation de ce prix. A défaut d'accord préalable entre les parties, la règle est nettement posée dans la l. 101, § 1, D., 46, 3. Paul commence par nous dire que le débiteur a le droit, lorsqu'il vient effectuer le paiement, d'indiquer la dette qu'il prétend éteindre. Mais *aliam causam esse debitoris solventis, aliam creditoris pignus distrahentis*. Ici, le créancier se déclarera d'abord payé des dettes pour lesquelles il a le moins de garanties. Par exemple, s'il y a une dette simplement naturelle, c'est sur elle que portera d'abord l'imputation.

Enfin, l'éviction éprouvée par le tiers acquéreur peut créer un rapport d'obligations entre le débiteur et le créancier. Très souvent, en effet, celui-ci aura dû prendre à sa charge d'obligation de garantie. Cette convention devait être d'autant plus fréquente que la *distractio pignoris* prouve l'insolvabilité du débiteur seul garant, en général. On conçoit que l'acheteur ait cherché des sûretés d'un autre côté.

Ces sûretés, il les a obtenues ; l'éviction a lieu et le créancier s'exécute. A-t-il un recours contre le débiteur ?

1. L. 24, D., 13, 7.

Ulpien répond : *Et potest dici, esse regressum, si modo sine dolo et culpa sic vendidit; et ut pater familias diligens id gessit; si vero nullum emolumentum talis venditio attulit, sed tanti venderet quanti vendere potuit, etiamsi hæc non promisit, regressum non habere* (1). Le créancier a-t-il agi en bon père de famille lorsqu'il a fourni la *cautio de evictione*? A-t-il dû y consentir pour trouver un prix rémunérateur? On lui permet de faire retomber sur le débiteur la charge de la condamnation qu'il a subie. Dans le cas contraire, c'est-à-dire lorsque l'obligation par lui assumée n'a pas eu pour conséquence d'augmenter le prix et, par suite, d'améliorer la situation du débiteur, on lui refuse tout recours.

Section II

Effets de la vente sur l'ensemble de la situation hypothécaire.

En droit français, le jugement d'adjudication qui intervient à la suite d'une saisie, entraine toujours une liquidation définitive; l'immeuble passe entre les mains de l'acquéreur, libre de toutes les hypothèques qui le grevaient. A Rome, la situation était plus compliquée; cela provenait de ce que la réalisation du gage hypothécaire ne se

1. L. 22, § 4. D. 13. 7.

faisait pas au moyen d'une procédure d'ensemble et sous l'autorité du magistrat.

Nous avons déjà vu, en passant, que dans certains cas, la vente faite par un créancier hypothécaire n'avait pas pour conséquence de lier le débiteur ou les autres créanciers hypothécaires.

Il ne sera pas inutile de les indiquer de nouveau :

1° La vente poursuivie par le créancier postérieur ne porte aucune atteinte aux droits du créancier *prior*. Celui-ci peut encore exercer l'action hypothécaire pour se faire mettre en possession et vendre la chose de nouveau pour se payer sur le prix ;

2° Le créancier *prior*, lui-même, ne peut procéder à la vente de son gage avant que l'échéance de la dette soit arrivée. S'il le fait, la vente est non avenue ;

3° S'il y a eu accord frauduleux entre l'acheteur et le créancier et que celui-ci soit insolvable, le débiteur a le droit de reprendre la chose des mains du premier en lui restituant le prix et les intérêts (2) ;

4° Lorsque le bien grevé d'hypothèque a été acheté par une des personnes que la loi exclut de la vente (créancier hypothécaire, débiteur ou caution) le droit hypothécaire ne s'éteint pas ;

5° Enfin, lorsque le débiteur était, au moment de la vente, ou mineur ou absent *reipublicæ causa*, il pouvait

1. L. 8, C. 8, 28.
2. L. 1, C. 8, 30.

obtenir une *restitutio in integrum* qui replaçait les choses dans leur état primitif (1).

Il arrivait même parfois que le créancier réservait au débiteur, par une clause accessoire, la faculté de provoquer la résolution du contrat de vente. Il en était ainsi lorsqu'il convenait avec l'acheteur : *Ut liceat sibi reddere pecuniam et pignus reciperare.* On considérait que ce pacte était intervenu dans l'intérêt du débiteur. On alla même plus loin et sans tenir compte du principe qui ne permettait pas de stipuler par autrui, on reconnut la validité du pacte : *ut si intra certum tempus a debitore pecunia soluta fuerit, emptio rescindatur.* La vertu de ces clauses fut d'abord d'autoriser le débiteur à exiger du créancier la remise de ses actions contre l'acheteur. On lui permit ensuite de s'adresser directement à celui-ci par une action *in factum.* Ulpien ne s'en tint pas là. Ce jurisconsulte fut le plus ardent promoteur de la doctrine qui, renversant le vieux principe romain, admettait que la condition résolutoire affectait la translation de propriété. C'est pourquoi il donna au débiteur une action en revendication (2).

Nous nous plaçons maintenant en dehors de toutes ces hypothèses et nous supposons que la vente a été régulièrement faite par le créancier *prior.* Les droits du débiteur sur la chose sont transférés à l'acheteur ; toutes les hypothèques sont éteintes. Si le créancier vendeur n'est pas complètement désintéressé sur le prix, il conserve son

1. L. 7, § 1, D. 20, 5.
2. L. 7. Pr. et § 1. D. 20, 5. — L. 13. Pr. D. 13. 7.

action personnelle pour l'excédant. Les créanciers postérieurs, eux aussi, n'ont plus qu'une action personnelle. On ne peut méconnaître que leurs droits se trouvent sacrifiés, mais il fallait en arriver là sous peine de mettre un obstacle absolu à la réalisation du gage. Nous avons déjà eu l'occasion d'indiquer comment on avait remédié, dans une certaine mesure, par le *jus offerendæ pecuniæ*, aux inconvénients de leur situation.

M. Jourdan se demande si cette extinction des hypothèques a lieu d'une façon absolue (1).

Cet auteur distingue entre le créancier *prior* et les créanciers postérieurs. Ceux-ci, lorsqu'ils n'ont pas été payés, conservent leur action hypothécaire excepté toutefois à l'encontre de l'acheteur qui a traité avec le *prior* et de ses ayant-cause. Il est vrai que plusieurs textes paraissent leur refuser complètement toute action, mais il ne faut pas les prendre à la lettre (2). La solution que nous venons d'indiquer ressort clairement de la loi suivante :

Si simpliciter convenisset secundus creditor de hypotheca ab omni possessore eam auferre poterit præter priorem creditorem et qui ab eo emit. Marcianus. L. 12. § 7. D. 20. 4.

On en conclut notamment que le créancier *posterior* qui serait repoussé par une exception s'il agissait contre l'acheteur, aurait gain de cause si son action était dirigée contre un tiers devenu propriétaire par usucapion. Son droit est

1. De l'hypothèque, p. 542, et sq.
2. L. 1, C. 8, 20. — L. 6, C. 8, 18.

donc paralysé plutôt qu'éteint et c'est assez naturel car il a subi la vente et n'a eu aucun moyen d'y intervenir.

En ce qui concerne le créancier *prior* qui a procédé à la vente, on soutient également que son action hypothécaire continue de subsiter lorsqu'il n'a pas été complètement désintéressé, sauf à être paralysée, le cas échéant, par une exception de dol. Ce système trouverait sa confirmation dans une loi d'Ulpien.

Si in venditione pignoris consenserit creditor, vel ut hanc rem permutet, vel donet, vel in dotem det, dicendum erit pignus liberari, nisi salva causa pignoris sui consensit; nam solent multi salva causa pignoris sui consentire. Sed et si ipse vendidit creditor, sic tamen venditionem fecit ne discederet a pignore, nisi ei satisfaciat, dicendum erit exceptionem ei non nocere. Sed etsi non concesserat pignus venundari, sed ratam habuit venditionem, idem erit probandum. Ulpianus L. 4, § 1, D. 20, 6.

« Il résulte de ce texte, dit M. Jourdan : 1° que la « vente par le créancier et la vente par le débiteur, du « consentement du créancier, ont le même effet, en ce qui « concerne la renonciation à l'hypothèque qui y est con- « tenue ;

« 2° Que soit en permettant de vendre, soit en vendant lui-même, le créancier peut réserver des droits ;

« 3° Que s'il a vendu, *salva jure pignoris*, on ne « pourra pas lui opposer l'exception tirée de la remise de « l'hypothèque : *si non voluntate creditoris veniit*; d'où la

« conclusion que, en principe, on n'a contre lui que cette « exception. »

Et M. Jourdan ajoute, pour montrer l'intérêt pratique de la question :

« L'exception de remise, *nisi voluntate creditoris res* « *veniit*, s'appliquant dans les deux cas indiqués au texte « et étant régie par les mêmes principes, si cette exception « peut être repoussée par une *replicatio doli* dans un cas, « elle pourra l'être dans l'autre. Mon débiteur me prie de « renoncer à mon hypothèque afin de pouvoir vendre la « chose ; je lui réponds : vendez. Je ne puis pas intenter « avec succès l'action hypothécaire contre l'acheteur qui « me repoussera par l'exception en question. Mais si mon « débiteur revenu à meilleure fortune, a racheté le fonds « que je l'avais autorisé à vendre pour relever son crédit, « alors si j'intente contre lui l'action hypothécaire et s'il « m'oppose l'exception, *voluntate sua res veniit*, je lui ré- « pliquerai que ce n'est pas en sa faveur mais seulement en « faveur du tiers acquéreur que j'ai renoncé à mon action. « Telle est la décision de Marcien (L. 8. § 7. D. 20 6.).

« Par les motifs ci-dessus indiqués, nous l'appliquerons « au cas où la vente émanera directement du créancier ; « si la chose revient aux mains du débiteur, à l'exception « opposée par celui-ci, il sera fondé à répondre : oui, « mais je suis encore votre créancier pour cette même « dette. »

Cette argumentation ne nous séduit pas. Il nous semble que le créancier hypothécaire qui vend, qui réalise son gage pour s'attribuer le prix, épuise son droit hypothécaire et qu'il y a incompatibilité entre la *pignoris distractio* et une réserve de l'hypothèque en vue d'événements ultérieurs.

Quant au texte d'Ulpien sur lequel s'appuie la doctrine adverse, nous croyons que c'est bien à tort qu'on l'invoque. Le jurisconsulte commence par viser le cas où le débiteur aliène la chose du consentement du créancier ; il suppose, en dernier lieu, que la vente s'est faite à son insu et qu'il intervient pour la ratifier.

Est-il admissible qu'entre ces deux hypothèses il ait voulu placer celle où le créancier vend le gage *jure pignoris*? C'eût été mêler deux choses qui n'ont aucun rapport l'une avec l'autre. La pensée d'Ulpien est plus simple et surtout présente plus d'unité. Suivons-la dans ses développements : lorsque le débiteur vend la chose hypothéquée, cette vente ne porte pas atteinte aux droits du créancier, à moins qu'il n'ait donné son consentement, mais alors son adhésion équivaut à une renonciation à l'hypothèque, sauf réserve expresse. Poursuivant son idée, le jurisconsulte veut montrer que la renonciation à l'hypothèque, toujours sauf la même réserve, résulte non-seulement du consentement exprès donné par le créancier à la vente, mais aussi d'un consentement tacite et à titre d'exemple, il nous parle du cas où c'est le créancier lui-même, sans doute en possession du gage, qui vend sur la demande et comme mandataire du débiteur. Enfin, allant encore plus loin, Ulpien ajoute que le même effet se produirait si le créancier intervenait, pour la ratifier, après une vente faite à son insu.

La loi d'Ulpien ne s'occupe nullement de la vente du gage *jure pignoris* et, par suite, ne touche pas à la question qui nous occupe. Elle n'a d'autre objet que d'indiquer les diverses circonstances d'où résulte la renonciation du créancier à son hypothèque. Le jurisconsulte indique aussi les effets de cette renonciation, et comme elle n'intervient qu'en faveur d'une personne déterminée, on comprend qu'elle n'enlève pas au créancier son action d'une façon absolue. Il suffit, en effet, pour atteindre le but que les parties se proposent, de paralyser cette action par une exception dans le cas où le créancier voudrait la diriger contre l'acquéreur.

Mais le créancier qui vend *jure pignoris* ne peut être considéré comme renonçant à son hypothèque ; il épuise son droit. Son hypothèque est éteinte d'une façon absolue.

CONCLUSION

Nous savons comment le *jus vendendi* a fait son apparition dans la législation romaine et a fini par devenir un élément essentiel de la sûreté hypothécaire.

Les Romains ont ainsi réalisé un progrès considérable en matière d'exécution forcée. Au début, le droit civil ne connut, sauf de rares exceptions et lorsqu'il s'agissait d'une créance de l'État, que l'exécution sur la personne du débiteur, la *manus injectio* qui aboutissait à l'esclavage et même à la mort. Le préteur, cédant à la réaction qui ne tarda pas à se produire contre l'emploi des procédés barbares organisés par le droit quiritaire, transporta l'exécution forcée de la personne sur les biens du débiteur et créa une procédure spéciale, la *bonorum venditio*. Mais c'était une procédure d'ensemble longue et pleine de formalités. Ainsi, le créancier n'avait pas la faculté de faire saisir tels ou tels biens de son débiteur de valeur suffisante pour assurer le paiement de sa créance ; il devait recourir à une saisie générale. On comprend alors tout l'avantage que le créancier gagiste où hypothécaire trouvait dans le droit qui lui avait été reconnu de procéder à la vente du gage. Il n'avait pas à procéder par voie de saisie générale; il s'adressait à la chose sur laquelle portait sa sûreté et qui était, en quelque sorte, sa débitrice. C'est donc avec raison que

M. Accarias signale au nombre des avantages que procure l'hypothèque, « le droit de vendre individuellement la chose grevée (1). »

Apprécions maintenant l'organisation de ce droit. Le seul mérite que nous lui reconnaissions est son extrême simplicité. Le créancier hypothécaire vend lui même son gage, comme bon lui semble ; on lui demande seulement d'agir de bonne foi.

Mais d'une part, les intérêts du débiteur ne nous paraissent pas suffisamment protégés. La *denunciatio* appelle, il est vrai, son attention sur l'opération qui se prépare, mais il n'a pas un droit d'intervention directe. Le créancier reste toujours le maître de l'affaire.

D'autre part, lorsqu'il y a plusieurs créanciers hypothécaires, tous sont à la discrétion du premier. Pour le démontrer, indiquons nettement la situation qui est faite à celui-ci.

1° L'action hypothécaire lui permet d'exiger la remise du gage de tout tiers détenteur, même d'un créancier postérieur et de son ayant-cause. Une fois nanti de la possession, il la garde sans limite de temps. Nul ne peut lui enlever la chose et s'il ne veut pas vendre, nul ne peut l'y contraindre.

2° S'il vend, c'est à l'amiable et cependant cette vente éteint toutes les hypothèques sans exception. Le prix lui est remis intégralement ; lorsqu'il excède le montant de sa

1. *Précis de droit romain*, t. I, p. 657.

créance, les autres créanciers ne peuvent agir contre lui pour lui réclamer le surplus, que par voie d'action personnelle. Ils n'ont donc pas une sûreté réelle.

En résumé, le droit du créancier *prior* a une telle force que celui des créanciers postérieurs est presque complètement anéanti. La balance penche beaucoup trop en sa faveur. On avait essayé de rétablir l'équilibre au moyen du *jus offerendæ pecuniæ* qui permettait au créancier postérieur de désintéresser le *prior* et de venir ainsi occuper la première place. Ce n'était là qu'un palliatif ; le vice d'organisation n'en subsistait pas moins.

DROIT FRANÇAIS

Commentaire de la loi du 10 décembre 1874 qui rend les navires susceptibles d'hypothèque

INTRODUCTION

La marine marchande avait été presque entièrement ruinée par les longues guerres de la République et du premier Empire. Elle reprit un essor vigoureux après la conclusion de la paix et atteignit son apogée vers 1830 ; à cette époque la moitié de nos transports par mer s'effectuait sous le pavillon national.

Cette prospérité ne devait pas être de longue durée. La décadence commença le jour où se firent sentir les premiers effets des transformations considérables qui, depuis un demi-siècle, ont radicalement changé les conditions d'existence du commerce maritime.

Aux bâtiments à voile succédèrent d'abord des navires à vapeur munis de machines à aubes ; l'hélice apparut ensuite et devint bientôt l'unique mode de propulsion en raison des avantages considérables qu'elle présentait, surtout pour la navigation en haute mer. Ces innovations entraînaient déjà toute une révolution dans le matériel naval; elle ne devait pas s'arrêter là. Le fer vint remplacer le bois dans la construction des coques et bientôt, l'acier l'aura détrôné à son tour. Enfin, chaque jour marque un progrès nouveau.

Sous peine de déchoir, les nations maritimes devaient et doivent encore suivre ces transformations rapides et s'approprier tous les perfectionnements. Nous ne l'avons pas fait; nous verrons bientôt pourquoi. Pendant que nous restions dans le *statu quo*, l'Angleterre, pour ne citer qu'elle, toujours jalouse de maintenir sa prépondérance sur mer, répandait à profusion ses immenses ressources sur les constructions et les armements; aucun effort ne lui coûtait pour écarter impitoyablement toute concurrence. Sa marine marchande a trouvé dans les transformations mêmes qui s'imposaient, la source d'une prospérité inouïe. Aujourd'hui, grâce à son outillage perfectionné, elle offre aux expéditeurs des conditions de vitesse et de bon marché que nos armateurs ne peuvent réaliser ; nos navires restent sans emploi et disparaissent peu à peu.

Nous entendons dire souvent que tout le mal vient de l'abolition des surtaxes de pavillon par la loi de 1866. Ce reproche n'est pas fondé ; rien ne le prouve mieux que la nécessité d'une enquête déjà reconnue en 1862 ; elle fut entreprise devant le conseil supérieur du commerce et nous demandons la permission de reproduire ici, en partie, la déposition bien caractéristique de M. Fruchard, négociant nantais, président de la chambre de commerce : « Les pertes que subissent nos armements depuis trois ans, sont telles que ce genre d'opérations est actuellement frappé du discrédit le plus complet......... La plupart de nos armateurs cherchent à liquider les navires en se résignant à des pertes énormes, car leurs navires leur restent et lorsqu'un négociant apprend la perte d'un de ses bâtiments, il reçoit les félicitations de tous ses amis, de tous ceux qui lui portent de l'intérêt. »

Ainsi la gêne de la marine marchande s'était déclarée et s'aggravait chaque année davantage, même sous le régime protecteur. Nous ne craignons pas de dire que la protection y a contribué pour sa part. Nos armateurs défendus par des surtaxes qui leur permettaient d'utiliser, vaille que vaille, leur ancien matériel, se sont endormis ; ils n'ont pas senti le besoin urgent de se transformer et se sont laissés devancer. L'aiguillon de la concurrence leur a manqué : voilà la véritable cause de notre décadence et lorsque le danger leur est apparu, il était trop tard ; notre marine avait perdu son crédit en perdant sa prospérité.

Ce que nous reprochons au législateur de 1866, ce n'est pas d'avoir aboli les surtaxes de pavillon, mais d'avoir agi trop brusquement. Il a aggravé la crise qui pesait déjà sur notre marine, en la livrant désarmée à une concurrence redoutable. Il aurait fallu ménager la transition et après avoir appelé l'attention des armateurs sur les dangers du *statu quo*, leur donner les moyens de doubler le cap de la transformation selon l'expression toute maritime de M. Dupuy de Lôme (1). Une loi récente répare cette omission (2) ; elle alloue certaines allocations aux constructeurs et donne, pour une période de dix ans, des primes à l'armement. Nous approuvons hautement l'esprit qui l'a dictée mais elle ne suffirait pas, à elle seule, pour rendre à la marine son ancienne prospérité.

Aujourd'hui plus que jamais, la construction et l'armement des navires exigent de grands capitaux, mais l'argent qui déserte toutes les industries en souffrance, a depuis longtemps refusé son concours à celle des transports maritimes. Il aurait fallu pour le retenir. pouvoir suppléer par des garanties réelles au crédit personnel qui avait disparu. Malheureusement, et ici apparaît le vice de notre législation que la loi de 1874 a voulu effacer, le crédit réel n'existait pas en matière maritime.

Le prêt à la grosse, en raison de son caractère aléatoire, ne peut servir, en effet, à mettre en mouvement de grands capitaux. Le capitaliste exposé à perdre son argent, ne s'engage pas volontiers dans une opération de ce genre et, s'il le fait, impose à l'armateur, à titre de compensation, des conditions très-onéreuses. Comme ressource extraordinaire, le prêt à la grosse est utile : son emploi fréquent conduirait à la ruine.

De tous les autres moyens du crédit organisés par nos lois, aucun ne convenait aux navires. L'hypothèque était

1. Discussion au Sénat du projet de loi sur la marine marchande, *J. Off.* du 28 janvier 1881.

2. Loi du 29 janvier 1881.

exclue par leur qualité de meubles ; ils pouvaient, à la vérité, être donnés en gage, mais les conditions auxquelles se trouve subordonnée l'efficacité du nantissement, rendait cette ressource purement nominale.

On sait, en effet, que l'existence du privilège résultant du gage, est subordonnée à l'abandon de la possession par le débiteur (1). Mais l'armateur n'emprunte que pour tirer parti de son navire, pour le faire naviguer. Comment réaliser ce but, s'il doit le remettre aux mains du prêteur? Le dessaisissement lui enlèverait l'instrument nécessaire à l'exercice de son industrie, condamnerait le navire à une inaction ruineuse et mettrait même le créancier dans l'embarras en l'obligeant à des frais de garde et d'entretien coûteux.

L'insuffisance de la législation ressort clairement de l'examen des divers expédients auxquels on avait recours pour faire de la propriété maritime un instrument de crédit. Nous les indiquerons sommairement.

Un premier moyen consistait dans la vente simulée du navire faite moyennant un prix représenté par le montant de la somme empruntée. Cette vente était accompagnée d'une contre-lettre explicative portant qu'en réalité les parties avaient voulu réaliser un nantissement ; elle n'avait d'autre but que de donner au créancier la possession qui est le complément nécessaire du gage. Une double mention sur les registres de la douane et sur l'acte de francisation

1. Article 2076, Code civil.

prévenait les tiers. M. Givart, rapporteur du projet de loi, indique ce procédé et le compare à la *mancipatio fiduciæ causa* qui apparaît dans le droit romain comme la première forme de crédit réel. Le rapprochement est ingénieux, mais il n'est pas très exact ; la mancipation fiduciaire opérait un véritable transport de propriété qui ne se réalisait pas chez nous.

La jurisprudence sanctionnait la constitution du gage sous forme de vente simulée en s'appuyant sur ce que le navire, comme tout autre meuble, peut être donné en gage et que rien ne s'oppose à ce qu'on fasse indirectement ce qu'il est permis de faire directement (1).

Cet expédient était plein de dangers. Le créancier, nanti sous l'apparence d'une cession transcrite en douane, pouvait disposer du navire à son gré et abuser grandement, s'il n'était pas honnête, des avantages qui lui étaient conférés. D'autre part, il se trouvait exposé à des risques sérieux. Inscrit sur l'acte de francisation comme propriétaire, il avait à supporter les charges de la propriété, et elles sont quelquefois très lourdes. Essayons d'en rendre compte.

Le navire occupe dans le patrimoine de celui qui le possède, une place à part. On l'a dit, en termes heureux, c'est une sorte de propriété vivante ; on peut le comparer à une personne courant le monde en quête d'affaires pour le compte d'autrui, acquérant ici des créances et assumant plus loin des dettes. En fin de compte, la balance peut être

1. Cass. 23 juillet 1844 (D. *Répert.* V° *Nantissement*, n° 88). Cass. 2 juillet 1856 (D. P. 1856, 1, 427).

désastreuse. La loi donne au propriétaire la faculté de limiter ses pertes à la valeur du navire en abandonnant celui-ci ; le créancier gagiste, propriétaire à l'égard des tiers, avait le même droit. Son gage était perdu, sa créance compromise, mais sa situation pouvait être plus grave encore. Supposons, en effet, que le navire ait gagné un fret ; comme il doit être compris dans l'abandon, notre créancier se trouvait obligé d'en débourser la valeur qu'il n'avait pas touchée et ce paiement constituait pour lui une perte définitive en cas de faillite de l'emprunteur. L'acceptation du gage n'avait eu d'autre conséquence que de lui faire perdre au delà de sa créance.

La simulation avait un autre inconvénient, elle mettait quelquefois un obstacle absolu à la réalisation du gage. On ne peut imaginer une situation plus fausse : son étrangeté ressortira clairement de l'exemple suivant que nous empruntons à la jurisprudence du tribunal de commerce de Marseille. Le propriétaire du navire « *le Soleil* » avait donné son navire en nantissement sous forme de vente simulée, mais après avoir passé un contrat d'affrètement en vue d'un voyage aux îles de la Réunion et de Maurice. Les marchandises furent embarquées. Le départ était imminent lorsque le créancier demanda son paiement et, à défaut, assigna l'armateur pour voir ordonner la vente. Il invoquait sa qualité de créancier gagiste qui lui donnait le droit de faire vendre le navire pour obtenir, sur le prix, le paiement par préférence des sommes avancées. A cette prétention, les affréteurs répondirent : « Peu nous importe vos

« arrangements avec l'armateur du *Soleil*; à nos yeux,
« vous êtes propriétaire, l'acte de francisation en fait foi,
« et loin de pouvoir vous opposer au départ, vous êtes
« tenu à la garantie du contrat d'affrêtement que nous avons
« passé. » Le tribunal, par une décision du 25 juillet 1832, leur donna raison en se basant sur le principe que les contre-lettres ne sont pas opposables aux tiers. Le prêteur de deniers se trouvait désarmé parce que son contrat lui conférait, à la fois, deux qualités dont l'une excluait les effets que pouvait produire l'autre (1).

Les inconvénients que nous venons de signaler avai nt eu pour conséquence de faire imaginer un autre expédient. On prétendait, pour la constitution du gage nautique, remplacer la dépossession réelle par une dépossession fictive portée à la connaissance des tiers au moyen de mentions faites sur l'acte de francisation et sur les registres de la douane. Ce procédé, d'une exécution facile, était absolument illégal. On ne peut, en effet, concevoir un gage sans nantissemnt réel. Aussi, n'est-il pas étonnant que la jurisprudence ait, le plus souvent, résisté à son application (2).

Au point où nous en sommes, nous avons démontré que la législation en vigueur avant 1874 ne permettait pas d'asseoir une garantie sérieuse sur la propriété maritime. Elle ne donnait pas aux armateurs le moyen de puiser largement

1. Voir M. Tranquille Morel. *Commentaire sur l'hypothèque maritime*, p. 19.

2. Aix, 9 mars 1860. I. M. 1862, 1, 238. Marseille, 23 septembre 1862. I. M. 1862, 1, 288. Cass. 19 février 1872. I. M. 1872, 2, 233.

aux sources du crédit et d'appeler à eux les capitaux nécessaires à l'exercice de leur industrie.

Une réforme était urgente, mais comment la réaliser ?

L'hypothèque maritime, préconisée depuis longtemps, rencontrait des adversaires peu nombreux mais résolus qui voyaient en elle une innovation dangereuse pouvant troubler l'harmonie de nos lois commerciales. Ils la combattaient aussi comme étant inutile ; il suffisait, à leurs yeux, d'améliorer ce qui existait déjà.

A cet ordre d'idées correspondaient deux propositions :

La première fut soutenue, au sein de la commission chargée d'étudier le projet de loi, par M. Sébert. L'honorable député demandait qu'on donnât simplement au contrat de gage plus d'élasticité en ajoutant à l'article 276 du Code civil le paragraphe suivant : « Toutefois, si le gage a pour objet « un navire, la conservation en incombera au débiteur ; il « suffira, pour sa validité, que mention en soit faite sur un « registre spécial tenu par le receveur des douanes du lieu « où le navire est en construction ou de celui où il est immatriculé. Si le navire a déjà un acte de francisation, le « gage doit être mentionné au dos dudit acte par le rece- « veur des douanes. » C'était la consécration législative de l'expédient pratique auquel nous avons fait allusion en dernier lieu.

La commission et, après elle, l'Assemblée nationale refusèrent d'admettre ce système qui dénaturait le contrat de nantissement. Un gage, dispensé de prise de possession, n'est plus un gage et on ne pouvait lui conserver cette dénomination sous peine de commettre un contre sens légal. Au fond, l'amendement de M. Sébert, aboutissait à l'établissement d'un droit fort analogue à l'hypothèque contre laquelle il s'élevait.

Une deuxième proposition tendait à accroître le nombre des privilèges organisés par le Code de commerce de façon à comprendre toutes les obligations qu'un armateur est appelé à contracter dans l'intérêt de son industrie. Ce procédé eût été trés fâcheux et insuffisant. Le nombre des privilèges aurait toujours été limité tandis que les circonstances dans lesquelles l'armateur se voit contraint de faire appel au crédit, varient à l'infini. De plus, le privilège ne peut servir de base à une solide organisation du crédit ; il est occulte et donne un droit de préférence dont le rang se détermine *non ex tempore sed ex causâ* de sorte que le prêteur premier en date aurait toujours à redouter le concours de prêteurs nouveaux. Sa situation serait dans tous les cas, dépourvue de sécurité.

L'hypothèque, au contraire, est soumise à la publicité : elle donne au créancier un rang déterminé par la date de l'inscription. C'est une combinaison fiduciaire excellente et rien ne s'opposait à son adoption. Le navire joint, en effet, à la mobilité du meuble la stabilité de l'immeuble : il a un nom, une nationalité qui permettent de constater son identité ; son port d'immatricule constitue pour lui un véritable domicile où sont réunies toutes les indications qui le concernent, où le créancier peut établir son droit. Des mentions faites sur des registres tenus sous le contrôle de l'État et sur l'acte de francisation suffisent pour obtenir une large publicité.

Plusieurs nations étrangères nous donnaient leur exemple à suivre. L'Angleterre, la Russie, la Suède, les États-Unis avaient organisé, sous des formes diverses, l'hypothèque maritime. Il était logique d'entrer dans la même voie; en matière civile, la diversité des mœurs amène dans les législations des différences nécessaires, mais les besoins du commerce sont les mêmes partout et on a dit, avec raison, que le meilleur Code maritime serait celui qu'on ferait pour tous.

Les craintes de ceux qui envisageaient l'hypothèque maritime comme une nouveauté téméraire, n'avaient pas de fondement. Il suffit, pour s'en rendre compte, de jeter un coup d'œil sur le passé et de suivre la marche de la législation commerciale jusqu'à l'époque où nous nous plaçons.

Dans l'ancien droit, la nature juridique des navires, comme de tous les meubles de quelque importance, était mal définie ; cette espèce est comme commune, disait-on, entre le meuble et l'immeuble ; mais, au point de vue de l'hypothèque, on leur reconnaissait généralement cette dernière qualité. Clairac, le premier commentateur des rôles d'Oléron, le rapporte en ces termes : « Les navires sont « véritablement meubles et comme tels sont incapables « d'inféodation et de servitude. Au regard des hypothèques « et de la suite d'icelles, un navire est censé immeuble et fut « ainsi jugé par arrêt d'audience en la grande chambre « de parlement de Bordeaux, le 26 juin 1612. » Ainsi, l'hypothèque maritime existait autrefois, mais sa clandestinité la rendait dangereuse ; il y avait aussi de grands inconvénients à appliquer aux navires les formalités de la vente et de la saisie des immeubles ; la rapidité des transactions commerciales en souffrait. Un édit du 8 octobre 1666 voulut y porter remède. Il ordonne, qu'à l'avenir, tous les navires, frégates et autres vaisseaux quelconques seront réputés meubles, sans qu'ils puissent être pris ou considérés comme immeubles et susceptibles d'hypothèque ou saisis et vendus et leur prix distribué autrement que pour les autres meubles.

La réforme était trop radicale ; on ne tarda pas à s'en apercevoir. Elle enlevait tout crédit aux propriétaires de navires. L'ordonnance de 1681 vient la mitiger ; conservant ce qu'il y avait de bon dans l'édit, elle prit soin de déclarer que les navires sont meubles, mais elle ajouta qu'ils seraient affectés aux dettes du vendeur ce qui donnait aux créanciers un droit de suite. En définitive, elle opéra une sorte de transaction entre les dispositions de l'édit et la jurisprudence antérieure.

Le Code de commerce maintint, sur ce point comme sur beaucoup d'autres, le système de l'ordonnance. On pensa avec raison que la valeur considérable des navires, valeur sur laquelle les créanciers doivent pouvoir compter, justifiait une dérogation au principe qui ne permet pas d'asseoir un droit de suite sur les meubles.

Ainsi sous l'empire du Code de commerce, tous les créanciers ont un droit de suite ; les créanciers privilégiés ont, en outre, un droit de préférence. Or, l'hypothèque ne donne rien de plus ; elle permet seulement au créancier de les tenir de la convention au lieu de les recevoir exclusivement de la loi. Est-ce là une innovation considérable et partant dangereuse ? Non, assurément. C'est simplement un retour vers le passé, retour préparé par l'ordonnance de 1681 et par le Code de commerce, avec cette seule différence que l'hypothèque maritime, en revoyant le jour, profitera de toutes les améliorations qui ont fait de la garantie similaire établie sur les immeubles, la base la plus solide du crédit.

Nous espérons avoir démontré que de toutes les combinaisons qui s'offraient au législateur soucieux de venir en aide à la marine marchande, l'extension de l'hypothèque aux navires était la meilleure. Déjà en 1867, après la grande enquête suivie depuis l'année 1862, la commission nommée par le gouvernement pour préparer la révision du livre II du Code de commerce, avait conclu à son adoption ; elle y consacrait un titre entier. Le travail d'ensemble reçut l'approbation de la majeure partie des Chambres de commerce et fut ensuite soumis au Conseil d'État chargé de rédiger un projet de loi. Mais notre funeste guerre contre l'Allemagne suspendit l'œuvre si laborieusement préparée et les événements qui suivirent ne permettaient pas d'espérer qu'elle dût être reprise de sitôt (1).

Dans ces conditions, plusieurs députés, appartenant presque tous à nos départements maritimes, conçurent le

1. Aujourd'hui encore, elle est à l'état du projet.

projet de faire au moins consacrer, entre toutes les réformes projetées, celle qui était la plus urgente. Ils détachèrent du travail élaboré en 1867 le titre relatif à l'hypothèque maritime et en saisirent l'Assemblée nationale le 29 juillet 1872.

La loi votée sur leur initiative porte la date du 10 décembre 1874 ; elle n'est entrée en vigueur que le 1er mai de l'année suivante.

Elle a été l'objet de nombreuses critiques ; nous essaierons de les juger. Nous parlerons aussi des diverses propositions d'initiative parlementaire qui tendent à la modifier dans quelques-unes de ses parties et dont la commission de la marine marchande est actuellement saisie.

TEXTE DE LA LOI DU 10 DÉCEMBRE 1874 AYANT POUR OBJET DE RENDRE LES NAVIRES SUSCEPTIBLES D'HYPOTHÈQUE.

ART. 1er. — Les navires sont susceptibles d'hypothèque ; ils ne peuvent être hypothéqués que par la convention des parties.

ART. 2. — Le contrat par lequel l'hypothèque maritime est consentie doit être rédigé par écrit ; il peut être fait par acte sous signatures privées.

Pour l'inscription de l'hypothèque, l'acte sous-seing privé ne sera passible que du droit fixe de deux francs. Mais le droit proportionnel pourra être ultérieurement exigé dans le cas où les actes sous-seing privé y sont assujettis, conformément aux lois sur l'enregistrement.

ART. 3. — L'hypothèque consentie sur le navire ou sur portion du navire s'étend, à moins de convention contraire, au corps du navire, aux agrès, apparaux, machines et autres accessoires.

ART. 5. — L'hypothèque maritime peut être constituée sur un navire en construction. Dans ce cas, l'hypothèque doit être précédée d'une déclaration faite au bureau du receveur des douanes du lieu où le navire est en construction.

Cette déclaration indiquera la longueur de la quille du navire et approximativement ses autres dimensions, ainsi que son port présumé. Elle mentionnera l'emplacement de la mise en chantier du navire.

Art. 6. — L'hypothèque est rendue publique par l'inscription sur un registre spécial tenu par le receveur des douanes du lieu où le navire est en construction ou de celui où il est immatriculé.

Si le navire a déjà un acte de francisation, l'inscription doit être mentionnée au dos dudit acte par le receveur des douanes.

Dans tous les cas, l'inscription est en outre certifiée par lui immédiatement et sous la même date, sur le contrat d'hypothèque ou sur son expédition authentique, dont la représentation lui aura été faite.

Art. 7. — Tout propriétaire d'un navire construit en France, qui demande à le faire admettre à la francisation, est tenu de joindre aux pièces requises à cet effet un état des inscriptions prises sur le navire en construction ou un certificat qu'il n'en existe aucune.

Les inscriptions non rayées sont reportées d'office à leurs dates respectives, par le receveur des douanes, sur l'acte de francisation, ainsi que sur le registre du lieu de la francisation, si celui-ci est autre que celui de la construction.

Si le navire change de port d'immatricule, les inscriptions non rayées sont pareillement portées d'office par le receveur des douanes du nouveau port où il est immatriculé, sur son registre et avec mention de leurs dates respectives.

Art. 8. — Pour opérer l'inscription, il est présenté, au bureau du receveur des douanes, un des originaux du titre constitutif d'hypothèque, lequel y reste déposé, s'il est sous-seing privé ou reçu en brevet, ou une expédition s'il en existe minute.

Il y est joint deux bordereaux signés par le requérant, dont l'un peut être porté sur le titre présenté. Ils contiennent :

1° Les noms, prénoms et domiciles du créancier et du débiteur et leur profession s'ils en ont une ;

2° La date et la nature du titre ;

3° Le montant de la créance exprimée dans le titre ;

4° Les conventions relatives aux intérêts et au remboursement ;

5° Le nom et la désignation du navire hypothéqué, la date de l'acte de francisation ou de la déclaration de sa mise en construction ;

6° Élection de domicile, par le créancier, dans le lieu de la résidence du receveur des douanes.

Art. 9. — Le receveur des douanes fait mention sur son registre, du contenu aux bordereaux et remet au requérant l'expédition du titre, s'il est authentique, et l'un des bordereaux au pied duquel il certifie avoir fait l'inscription.

Art. 10. — S'il y a une ou plusieurs hypothèques sur

la même part de propriété du navire, leur rang est déterminé par l'ordre de priorité des dates de l'inscription.

Les hypothèques inscrites le même jour viennent en concurrence, nonobstant la différence des heures de l'inscription.

Art. 11. — L'inscription conserve l'hypothèque pendant trois ans, à compter du jour de sa date ; son effet cesse si l'inscription n'a été renouvelée, avant l'expiration de ce délai, sur le registre tenu en douane et mentionnée à nouveau sur l'acte de francisation, dès le retour du navire au port où il est immatriculé.

Art. 12. — Si le titre constitutif de l'hypothèque est à ordre, sa négociation par voie d'endossement emporte la translation du droit hypothécaire.

Art. 13. — L'inscription garantit au même rang que le capital, deux années d'intérêts en sus de l'année courante.

Art. 14. — Les inscriptions sont rayées, soit du consentement des parties intéressées, ayant capacité à cet effet, soit en vertu d'un jugement en dernier ressort ou passé en force de chose jugée.

Art. 15. — A défaut de jugement, la radiation totale ou partielle de l'inscription ne peut être opérée par le receveur des douanes, que sur le dépôt d'un acte authentique de consentement à la radiation, donné par le créancier ou son cessionnaire justifiant de ses droits.

Si l'acte se borne à donner main-levée le droit proportionnel sur le titre constitutif de l'hypothèque ne sera pas perçu.

Dans le cas où l'acte constitutif de l'hypothèque est sous-seing privé, ou si, étant authentique, il a été reçu en brevet, il est communiqué au receveur des douanes qui y mentionne, séance tenante, la radiation totale ou partielle.

Si l'acte de francisation lui est représenté simultanément, ou ultérieurement, le receveur des douanes est tenu d'y mentionner, à sa date, la radiation totale ou partielle.

ART. 16. — Le receveur des douanes est tenu de délivrer à tous ceux qui le requièrent, l'état des inscriptions subsistantes sur un navire ou un certificat qu'il n'en existe aucune.

ART. 17. — En cas de perte ou d'innavigabilité du navire, les droits des créanciers s'exercent sur les choses sauvées ou sur leur produit, alors même que les créances ne seraient pas encore échues. Ils s'exercent également dans l'ordre des inscriptions sur le produit des assurances qui auraient été faites par l'emprunteur sur le navire hypothéqué. Dans le cas prévu par le présent article, l'inscription de l'hypothèque vaut opposition au paiement de l'indemnité d'assurance.

Les créanciers inscrits ou leurs cessionnaires peuvent de leur côté, faire assurer le navire pour la garantie de leurs créances.

Les assureurs avec lesquels ils ont contracté l'assurance, sont, lors du remboursement, subrogés à leurs droits contre le débiteur.

ART. 18. — Les créanciers ayant hypothèque inscrite

sur un navire ou portion du navire, le suivent en quelques mains qu'il passe, suivant l'ordre de leurs inscriptions.

Si l'hypothèque ne grève qu'une portion du navire, le créancier ne peut saisir et faire vendre que la portion qui lui est affectée ; toutefois, si plus de la moitié du navire se trouve hypothéquée, le créancier pourra, après saisie, le faire vendre en totalité, à charge d'appeler à la vente les copropriétaires.

Dans tous les cas de copropriété autres que ceux qui résultent d'une succession ou de la dissolution d'une communauté conjugale, par dérogation à l'article 883 du Code civil, les hypothèques consenties pendant l'indivision par un ou plusieurs des copropriétaires, sur une portion de navire, continuent à subsister après le partage ou la licitation.

Toutefois, si la licitation s'est faite en justice dans les formes déterminées par les articles 201 et suivants du Code de commerce, le droit des créanciers n'ayant hypothèque que sur une portion du navire, sera limité au droit de préférence sur la partie du prix afférente à l'intérêt hypothéqué.

Art. 19. — L'acquéreur d'un navire ou d'une portion de navire hypothéqué, qui veut se garantir des poursuites autorisées par l'article précédent, est tenu, avant la poursuite ou dans le délai de quinzaine, de notifier à tous les créanciers inscrits sur l'acte de francisation, au domicile élu dans leurs inscriptions :

1° Un extrait de son titre indiquant seulement la date et la nature de l'acte, le nom du vendeur, le nom, l'espèce et le tonnage du navire et les charges faisant partie du prix ;

2° Un tableau sur trois colonnes dont la première contiendra la date des inscriptions, la seconde, le nom des créanciers, la troisième, le montant des créances inscrites.

Art. 20. — L'acquéreur déclarera par le même acte qu'il est prêt à acquitter, sur le champ, les dettes hypothécaires jusqu'à concurrence seulement de son prix, sans distinction des dettes exigibles ou non exigibles.

Art. 21. — Tout créancier peut requérir la mise aux enchères du navire ou portion de navire, en offrant de porter le prix à un dixième en sus et de donner caution pour le paiement du prix et des charges.

Art 22. — Cette réquisition signée du créancier doit être signifiée à l'acquéreur dans les dix jours des notifications. Elle contiendra assignation devant le tribunal civil du lieu où se trouve le navire, ou, s'il est en cours de voyage du lieu où il est immatriculé, pour voir ordonner qu'il sera procédé aux enchères requises.

Art. 23. — La revente aux enchères aura lieu à la diligence soit du créancier qui l'aura requise, soit de l'acquéreur, dans les formes établies pour les ventes sur saisie.

Art. 24. — La réquisition de mise aux enchères n'est pas admise en cas de vente judiciaire.

Art. 25. — Faute par les créanciers de s'être réglés entre eux à l'amiable, dans le délai de quinzaine, pour la distribution du prix offert par la notification ou produit par la surenchère, il y est procédé entre les créanciers privilégiés, hypothécaires et chirographaires, dans les formes établies en matière de saisie. En cas de distribution du prix d'un navire hypothéqué, l'inscription vaut opposition au profit du créancier inscrit. Les créanciers auront un mois pour produire leurs titres, à compter de la sommation qui leur aura été adressée.

Art. 26. — Le propriétaire qui veut se réserver la faculté d'hypothéquer son navire en cours de voyage, est tenu de déclarer, avant le départ du navire, au bureau du receveur des douanes du lieu où le navire est immatriculé, la somme pour laquelle il entend pouvoir user de ce droit.

Cette déclaration est mentionnée sur le registre du receveur et sur l'acte de francisation, à la suite des hypothèques déjà existantes.

Les hypothèques réalisées en cours de voyage sont constatées sur l'acte de francisation : en France et dans les possessions françaises par le receveur des douanes ; à l'étranger par le consul de France, ou, à défaut, par un officier public du lieu du contrat. Il en est fait mention par l'un ou par l'autre sur un registre spécial, qui sera conservé, pour y avoir recours, en cas de perte de l'acte de francisation par naufrage ou autrement, avant le retour du navire. Elles prennent rang du jour de leur inscription sur l'acte de francisation.

La mention faite en vertu du § 2 du présent article ne pourra être supprimée qu'après le voyage accompli et sur la présentation de l'acte de francisation.

Art. 27. — Les § 9 de l'article 191 et 7 de l'article 192

du Code de commerce sont abrogés. L'article 191 du Code est terminé par la disposition suivante :

« Les créanciers hypothécaires sur le navire viendront « dans leur ordre d'inscription après les créanciers privilégiés. »

Art. 28. — L'article 233 du Code de commerce est modifié ainsi qu'il suit :

« Si le bâtiment est frété du consentement des proprié- « taires et que quelques-uns fassent refus de contribuer aux « frais nécessaires pour l'expédition, le capitaine peut dans « ce cas, vingt-quatre heures après sommation faite aux re- « fusants de fournir leur contingent, emprunter hypothécai- « rement pour leur compte sur leur part dans le navire, « avec l'autorisation du juge. »

Art. 29. — Les navires de vingt tonneaux et au-dessus sont seuls susceptibles de l'hypothèque créée par la présente loi.

Art. 30. — Les tarifs des droits à percevoir par les employés de l'administration des douanes et le cautionnement spécial à leur imposer à raison des actes auxquels donnera lieu l'exécution de la présente loi, seront fixés par un décret rendu dans la forme des règlements d'administration publique. La responsabilité de la régie des douanes, du fait de ses agents, ne s'applique pas aux attributions conférées aux receveurs par les dispositions qui précèdent.

La loi sera exécutoire à partir du 1er mai 1875.

COMMENTAIRE

OBSERVATION GÉNÉRALE.

La loi du 10 décembre 1874 ne change pas la nature juridique des navires ; ils restent meubles, mais, au point de vue de l'hypothèque, on les traite comme des immeubles. En d'autres termes, elle fait de l'hypothèque maritime une variété de l'hypothèque ordinaire. A part les particularités que notre commentaire a pour objet de signaler, les mêmes règles les gouvernent.

Cette remarque a son importance. La loi nouvelle n'a pas tranché toutes les questions qui peuvent s'élever à l'occasion de l'hypothèque sur les navires. Nous savons maintenant qu'il faut, pour les résoudre, se référer aux dispositions du droit commun.

Nous diviserons notre travail en cinq chapitres, dans l'ordre suivant :

CHAPITRE Ier. — *Constitution de l'hypothèque maritime.*

CHAPITRE II. — *Publicité de l'hypothèque maritime.*

CHAPITRE III. — *Effets de l'hypothèque maritime.*

CHAPITRE IV. — *Son extinction. Radiation de l'inscription.*

CHAPITRE V. — *Ses rapports avec le fisc et l'administration des douanes.*

CHAPITRE Ier

CONSTITUTION DE L'HYPOTHÈQUE MARITIME.

Quelle est la source de cette hypothèque ?

A quelles conditions de forme et de fond sa constitution est-elle soumise ?

Quelle est son assiette ?

Voilà les questions dont l'étude se rattache au présent chapitre et que nous étudierons dans trois sections différentes.

Section I

Source de l'hypothèque maritime.

En droit commun, l'hypothèque peut être légale, judiciaire ou conventionnelle. Le droit maritime n'admet pas d'autre source que la convention.

Cette dérogation se justifie par les considérations mêmes qui ont motivé le vote de la loi de 1874. On voulait donner aux constructeurs et aux armateurs le moyen de se procurer des capitaux : l'hypothèque conventionnelle répondait, seule, à cet objectif.

L'hypothèque légale repose sur des considérations d'un

autre ordre ; elle a pour but de sauvegarder certains intérêts que le législateur a jugé dignes de protection mais bien loin d'être favorable au crédit, elle le diminue notablement ; cette atteinte est d'autant plus grave que les hypothèques établies par la loi au profit des femmes, des mineurs et des interdits ne sont pas soumises au double principe de spécialité et de publicité qui doit servir de base à tout bon régime hypothécaire. Elles sont générales, c'est-à-dire qu'elles portent sur tous les immeubles des maris et tuteurs sans distinction entre les biens présents et les biens à venir ; elles sont clandestines, aucune inscription n'en révèle l'existence aux tiers intéressés à connaître la situation de celui avec lequel ils traitent. L'extension aux navires d'un droit fonctionnant dans de pareilles conditions eût été mortelle pour le crédit maritime. Le rôle du navire, disait M. Grivart, ne doit pas être de servir de gage à la dot des femmes ou aux deniers pupillaires.

Les hypothèques légales des articles 1017 du Code Civil, 490 et 493 du Code de commerce, bien que moins dangereuses, ont été écartées pour le même motif. Le législateur avait en vue d'aider au développement du commerce maritime et non d'augmenter les garanties des légataires ou bien de la masse des créanciers de l'armateur failli.

L'inadmissibilité de l'hypothèque judiciaire ne pouvait non plus faire l'objet d'aucun doute. Elle ne constitue pas, en effet, un moyen de crédit ; elle est même l'ennemie du crédit en raison de sa généralité. Si on avait permis qu'elle vînt frapper le matériel de l'armateur, celui-ci aurait pu se trouver, à un moment donné, dans l'impossibilité de bénéficier de la loi nouvelle parce qu'il ne lui serait pas resté de biens libres.

Section II

Conditions requises pour la validité d'une constitution d'hypothèque.

Il y en a trois. Deux d'entre elles ont trait à la personne du constituant qui doit être propriétaire du navire et capable de l'aliéner ; la troisième vise une question de forme ; elle consiste en ce que la convention d'hypothèque doit être constatée par écrit.

Première condition. — « L'hypothèque sur le navire « ou portion du navire ne peut être consentie que par le « propriétaire ou son mandataire justifiant d'un mandat « spécial » (art. 3).

Rien n'est plus naturel parce que la concession d'une hypothèque entraine un démembrement du droit de propriété. Il en résulte que l'hypothèque de la chose d'autrui serait nulle ; aucun événement ultérieur ne pourrait remédier à cette nullité.

Toutefois, le principe souffre une exception : « si le « navire est frété du consentement des propriétaires et que « quelques-uns fassent refus de contribuer aux frais néces- « saires pour l'expédition, le capitaine peut, en ce cas, « vingt-quatre heures après sommation faite aux refusants

« de fournir leur contingent, emprunter hypothécairement « sur leur part dans le navire avec l'autorisation du juge. » (art. 233 du Code de commerce modifié par l'art. 28 de notre loi).

Dans son ancienne rédaction, l'article 233 donnait au capitaine le droit d'emprunter à la grosse sur la part du refusant, mais la loi du 10 décembre a supprimé le privilége attaché au prêt à la grosse réalisé avant le départ du navire ; cette suppression a conduit au remaniement de notre article.

Qu'il s'agisse d'un privilége ou d'une hypothèque, le droit donné au capitaine paraît exorbitant ; il en résulte une sorte d'expropriation à l'encontre du propriétaire récalcitrant. Comment le justifier ? Par cette raison fort simple que le copropriétaire qui a consenti à l'affrêtement, s'est tacitement obligé à contribuer aux dépenses que nécessitent la mise en état et l'armement du navire.

Mais il faut aller plus loin et décider que le mode de contrainte organisé par l'article 233 s'applique non pas seulement au cas d'affrêtement, mais à tout ce qui concerne l'intérêt commun et alors même que le propriétaire récalcitrant aurait refusé de s'associer aux vues de la majorité. Nous allons nous expliquer.

L'administration d'un navire est très complexe ; elle met dans la nécessité de pourvoir constamment à une foule d'objets qui ont trait aux réparations, à l'armement, à la destination, au choix du capitaine..... Ces questions sont tranchées d'une façon toute naturelle lorsqu'il n'y a qu'un propriétaire ; tel n'est pas le fait normal. La propriété du bâtiment se répartit généralement entre un certain nombre de personnes ; dans les ports de la Méditerranée, elle est divisée en vingt quatre parts que l'on nomme des quirats ; dans les ports de l'Océan, chaque part est d'un centième ou d'un millième.

Lorsque l'indivision se produit à la suite d'arrangements intervenus entre les copropriétaires, le mode d'administration est réglé par le contrat et toute difficulté se trouve écartée. Il en est de même lorsqu'à défaut d'entente préalable, les communistes ont, à l'unanimité, constitué l'un d'eux armateur.

Nous supposons que tout cela n'a pas eu lieu. Comment réglera-t-on les questions pendantes ? D'après le droit commun, aucune décision ne peut se prendre, en matière de communauté, que de l'avis unanime de tous les intéressés ; *in pari causa, melior est causa prohibentis*. En matière maritime où l'indivision est le fait normal, ce principe devait être écarté ; il aurait conduit le plus souvent à l'immobilisation du navire. L'article 220 du Code de commerce décide que l'avis de la majorité fait loi pour tout ce qui concerne l'intérêt commun. La majorité se détermine par une portion d'intérêt dans le navire excédant la moitié de sa valeur. Mais cette règle très sage, très prévoyante, serait illusoire si on ne pouvait forcer les opposants à contribuer à la dépense résolue ; en d'autres termes, il lui faut une sanction. Par induction de l'article 233, nous la trouvons dans le droit d'emprunter pour le compte des refusants, moyennant l'affectation hypothécaire de leur part de propriété, la somme pour laquelle ils doivent contribuer.

Avant d'agir ainsi, le capitaine ou la majorité des communistes doivent demander l'autorisation du juge ; cette autorisation tient lieu du mandat sans lequel on ne peut hypothéquer la chose d'autrui.

L'article 3 de notre loi, dans sa disposition finale, s'occupe de ce mandat ; il veut qu'il soit spécial. L'article 1988 du Code civil décidait déjà que « le mandat conçu « en termes généraux n'emporte que les actes d'adminis- « tration ; s'il s'agit d'hypothéquer, ou d'aliéner, le mandat « doit être exprès. »

Cette exigence est légitime et on conçoit très bien que la loi de 1874 l'ait reproduite, mais il convient de remarquer que la rédaction n'est pas exactement la même de part et d'autre. Tandis que l'article 1988 du Code civil parle d'un mandat exprès, notre article 3 vise un mandat spécial. Faut-il en conclure que le mandataire doit justifier d'un pouvoir donné spécialement en vue de l'opération qu'il s'agit de consommer ? Nous ne le pensons pas ; ce serait écarter, en matière d'hypothèque maritime, le mandat général, c'est-à-dire restreindre un droit qui ne peut avoir pour limite que la volonté des parties. Le législateur a voulu dire, sans doute, que le mandat exprès du Code civil donnant, en termes généraux, le pouvoir de grever d'hypothèques les biens du mandant, ne suffirait pas pour conférer celui d'hypothéquer les navires ; le mandat présenté à cet effet doit viser spécialement l'hypothèque maritime.

Ajoutons qu'il doit être constaté par écrit. Cette obligation résulte de la nécessité de passer un acte pour la constatation du contrat d'hypothèque.

Deuxième condition. — Le propriétaire ne peut hypothéquer son navire s'il n'est capable de l'aliéner (1).

L'hypothèque comporte, en effet, une aliénation.

Cependant, le mineur émancipé qui a rempli toutes les formalités et conditions prescrites pour devenir commerçant (2), a la faculté d'hypothéquer librement ses navires pour les besoins de son industrie, bien qu'il soit incapable de les aliéner.

Le jugement de faillite enlevant au failli la disposition de ses biens, lui fait perdre par voie de conséquence le droit de consentir une hypothèque. Ce jugement produit même des effets dans le passé; l'article 446 du Code de commerce déclare nulle et sans effet relativement à la masse, toute hypothèque constituée depuis le jour de la cessation des paiements ou dans les dix jours qui précèdent, lorsqu'elle a eu pour objet de garantir des dettes antérieurement contractées.

Troisième condition. — Le contrat par lequel l'hypothèque maritime est consentie doit être rédigé par écrit.

On ne pouvait abandonner aux incertitudes de la preuve testimoniale l'existence d'un droit aussi important que l'hypothèque. Cette disposition est en parfaite concordance avec la règle de l'article 195 du Code de commerce qui

1. Comp. art. 2124 C. civil.
2. Article 2 du Code de commerce.

exige un écrit pour la vente volontaire du navire. Mais, en dehors de toute autre considération, l'acte écrit s'imposait par suite de la publicité donnée à l'hypothèque ; il est indispensable, en effet, que le fonctionnaire chargé de la tenue des registres ait sous les yeux un acte constatant le droit du créancier qui requiert l'inscription.

Plus libéral que le Code civil (1), la loi nouvelle se contente d'un acte passé sous signatures privées. On a considéré, avec raison, que l'obligation de recourir à la forme authentique eût entraîné des frais et des lenteurs qui auraient nui aux transactions commerciales. L'intervention du notaire est utile cependant ; elle prévient les omissions et les erreurs qui peuvent se glisser dans l'acte, mais la pratique suivie en Angleterre offre à nos commerçants un moyen bien simple d'éviter toute cause d'erreur ; il consiste dans l'emploi de formules imprimées contenant les indications nécessaires et que les parties n'ont plus qu'à remplir au moment du contrat.

L'article 2 entend accorder une faveur ; il n'exclut pas l'emploi de la forme authentique.

L'article 12 dispose que si le titre constitutif de l'hypothèque est à ordre, sa négociation par voie d'endossement emporte la translation du droit hypothécaire.

Cette disposition consacre la jurisprudence antérieure qui reconnaissait la validité de l'hypothèque immobilière créée à ordre et se transmettant par voie d'endossement,

1. Comp. art. 2127. C. Civ.

sans autre formalité, en même temps que la créance garantie (1). Elle est éminemment favorable au crédit en facilitant au créancier la disposition de son droit.

M. Sebert (2) l'a vivement critiquée en se plaçant au point de vue de la publicité que doit recevoir l'hypothèque. Nous reproduisons la substance de son argumentation : rien, disait-il, ne fait connaître au tiers le nom du créancier cessionnaire ; lorsqu'après la vente du navire, l'acquéreur voudra purger, il n'aura de relations à nouer qu'avec le créancier primitif dont le nom seul figure dans l'inscription ; la procédure suivra son cours sans qu'il ait à se préoccuper des créanciers postérieurs et le jour où, leur titre en main, ceux-ci viendront réclamer leur gage, tout sera consommé ; ils auront perdu leur hypothèque sans que rien les ait prévenus du danger.

L'objection n'est pas sérieuse. Par cela même que la loi admet la transmission de l'hypothèque par voie d'endossement, elle autorise le cessionnaire à prendre toutes les mesures propres à assurer la conservation de son droit. Le rapport ne laisse aucun doute sur ce point ; voici ce que nous y lisons : « L'hypothèque maritime mentionne naturellement la modalité particulière du titre. Mais tant « que le porteur ne se sera pas fait connaître par une annotation en marge de l'inscription, toutes les notifications « relatives à l'hypothèque seront utilement faites au créancier premier bénéficiaire de l'acte que l'inscription aura

1. D. R. *Priv. et Hyp.*, n° 1267.
2. M. Sebert était membre de l'Assemblée Nationale.

« seul désigné. » Le cessionnaire a donc le droit de requérir cette annotation et le receveur des douanes est tenu de la faire lorsqu'il en est requis ; quant à l'hypothèque en elle-même, l'inscription primitive suffit pour la conserver.

Section III

Assiette de l'hypothèque maritime

Aux termes de l'article 1er, l'hypothèque maritime porte sur les navires, c'est-à-dire sur les bâtiments de mer à l'exclusion des barges, chalands et autres bateaux qui sont destinés à la navigation sur les canaux ou rivières.

Si, en effet, le mot navire, pris dans un sens générique, peut s'appliquer à tout ce qui navigue, la loi commerciale est loin de lui donner une portée aussi générale ; elle réserve cette qualification aux bâtiments de mer. C'est ainsi que la rubrique du titre I du livre II, au Code de commerce, établit une assimilation complète entre ces deux expressions.

La loi de 1874 s'est montrée fidèle à cette tradition. La pensée du législateur ressort avec évidence des travaux préparatoires et de l'ensemble des dispositions adoptées. Plusieurs articles se préoccupent de l'acte de francisation et lui font jouer un rôle considérable dans la publicité donnée à l'hypothèque ; or, les bâtiments fluviaux ne sont pas soumis à la formalité de la francisation. La dénomination d'yhpothèque maritime employée dans les articles 2 et 5 et dans la rubrique même de la loi prouve encore qu'elle ne s'applique pas à la navigation intérieure.

Cette exclusion est regrettable ; le développement de la navigation fluviale exercerait une grande influence sur celui de la marine marchande ; elle seule peut lui donner, à bon marché, le fret encombrant qui est son aliment indispensable.

Tous les navires ne peuvent être grevés d'hypothèques ; l'article 29 déclare que ceux de vingt tonneaux et au-dessus en sont seuls susceptibles.

Cette limitation ne se trouvait pas dans le projet de loi ; elle y a été introduite par la commission, et le rapporteur, M. Grivart, la justifie dans les termes suivants : « Nous « avons cru devoir ajouter au projet de nos honorables « collègues une disposition qui en limitant son applica- « tion, rendra moins lourd le nouveau service confié à « l'administration des douanes, service pour lequel elle « aura à demander à un nombreux personnel d'agents « beaucoup de soins, d'attention et d'exactitude. Nous « avons pensé que ce n'est que pour les navires d'un cer- « tain tonnage que l'organisation du crédit hypothécaire « présente une sérieuse utilité et qu'il n'est d'aucun inté- « rêt d'étendre les dispositions de la loi à ceux des bâti- « ments de mer qui ne constituent que de simples barques. « Au-dessous d'un certain tonnage, la construction et « l'armement des bâtiments n'exigent l'emploi que de ca- « pitaux peu importants pour lesquels l'appel au crédit « est rarement nécessaire et d'ailleurs un très petit navire

« n'a pas assez de valeur pour être facilement accepté « comme garantie hypothécaire. »

Nous ne sommes pas du même avis. M. Grivart se contredit, lui-même, lorsqu'il fait valoir que le service de la douane ne doit pas être surchargé ; il ajoute, en effet, que l'appel au crédit est rarement nécessaire pour des navires d'un très faible tonnage. Nous l'admettons avec lui, mais ce n'est pas là une raison pour refuser à ceux qui en sont propriétaires la ressource de l'hypothèque lorsque, par exception, elle peut leur être utile. On favoriserait ainsi la pêche côtière qui fait vivre une partie de nos populations maritimes.

La commission de la marine marchande chargée d'étudier les divers projets de révision de la loi de 1874, se montre favorable à l'abrogation de l'article 29.

Lorsqu'un navire appartient à plusieurs personnes, chacune d'elles peut hypothéquer sa part sans avoir à prendre l'avis de ses copropriétaires. L'Assemblée nationale n'a voulu apporter aucune limitation à l'exercice de ce droit qui lui a paru être le corollaire obligé de la faculté accordée à chaque copropriétaire d'aliéner sa part comme bon lui semble ; elle s'est également inspirée de cette pensée que plus on faciliterait la constitution de l'hypothèque, plus le mouvement des capitaux vers la marine serait considérable. Mais elle a perdu de vue que chaque part du navire n'a de valeur que parce qu'elle se rattache à l'ensemble ; le bâtiment ne peut être utilisé que dans son indivisibilité. Il aurait fallu tenir compte de cette connexité qui exclut l'idée d'une indépendance complète des communistes les uns vis-à-vis des autres au point de vue de la concession d'une hypothèque comme pour tous les actes qui, de près ou de loin, touchent à l'intérêt commun.

Si les besoins de l'armement rendent nécessaire un appel au crédit, l'hypothèque précédemment constituée sur une part, aura pour conséquence de répartir inégalement la charge entre les divers quirataires. Il peut aussi arriver que le propriétaire de la part hypothéquée refuse de s'associer aux vues de la majorité dans telle ou telle entreprise ; quel moyen de contrainte aura-t-on contre lui pour le faire contribuer aux frais ? L'article 233 du Code de commerce qui sanctionne les droits de la majorité pour tout ce qui concerne l'intérêt commun devient une lettre morte. Il en résulte des difficultés sérieuses.

Sur ce point, une réforme est nécessaire : tous les projets modificatifs de la loi du 10 décembre 1874 tendent à la réaliser. Le dernier de ces projets, présenté au mois de janvier dernier par MM. Jules Godin et Peulevey, n'admet le copropriétaire à hypothéquer sa part qu'avec l'autorisation de la majorité. La majorité pourrait alors maintenir entre tous les associés une exacte discipline indispensable pour que la gestion soit fructueuse ; elle veillerait à ce que l'utilisation du navire, comme moyen de crédit, n'ait lieu que dans les cas où ses propres besoins l'exigent. Jusque là, les ressources provenant des hypothèques constituées isolément par les copropriétaires, s'éparpilleront sur une foule d'objets étrangers à la marine, au grand détriment des intérêts sociaux.

L'article 4 décide que « l'hypothèque consentie sur le « navire ou portion du navire s'étend, à moins de con- « vention contraire, au corps du navire, aux agrès, appa- « raux, machines et autres accessoires. »

Cette règle allait d'elle-même. Ce qui constitue un navire ce n'est pas seulement la coque mais aussi les éléments qui viennent la compléter et qui font du tout un objet propre à la navigation. Le législateur ne l'a formulée que pour trouver l'occasion d'autoriser les parties à restreindre, si bon lui semble, l'hypothèque au corps du navire. Il a voulu faciliter la constitution d'un hypothèque sur le navire désarmé.

La faculté inverse n'existe pas. On ne pourrait hypothéquer isolément les agrès et les apparaux ; séparés du navire, ces objets deviennent des meubles ordinaires et rentrent dans le droit commun.

Faut-il comprendre le fret dans les accessoires dont parle l'article 4 ? Non ; ce serait donner aux mots un sens qu'ils n'ont pas. Le fret n'est pas plus un accessoire du navire que les loyers d'une maison ne sont un accessoire de cette maison. La doctrine contraire violerait un principe fondamental de notre droit parce que le caractère essentiel de l'hypothèque est d'affecter la chose sans toucher à la jouissance (1).

1. Art. 2176 C. civil et 685 et C. de proc.

Si les parties convenaient expressément que l'hypothèque s'étendra sur le fret, cette convention serait illégale et ne recevrait pas d'exécution. Nous faisons là, d'ailleurs, une supposition toute gratuite, car la clause dont il s'agit, fût-elle licite, que jamais la pratique ne l'admettrait. Elle procurerait, sans doute, au créancier une garantie sérieuse et il pourrait encore l'augmenter en assurant le fret ; la disposition de l'article 347 du Code de commerce n'y met aucun obstacle. Mais elle serait désastreuse pour le débiteur ; l'exercice de son commerce le place journellement en présence de charges auxquelles il doit faire face sous peine de cesser ses paiements ; comment s'y prendrait-il s'il ne pouvait disposer des profits que lui procure son exploitation ?

En matière civile, l'article 685 du Code de procédure apporte une exception à la règle d'après laquelle les fruits échappent au droit de préférence des créanciers hypothécaires. Du jour où la saisie a été transcrite, ces fruits sont immobilisés et viennent augmenter la masse hypothécaire au détriment des créanciers chirographaires. Cette disposition ne peut être étendue à notre matière ; le point de départ de l'immobilisation manquerait absolument parce que la formalité de la transcription n'est pas prescrite pour la saisie des navires. D'ailleurs, le navire saisi est condamné au repos et, en général, ne donne plus de profits.

De toutes les observations qui précèdent nous tirons cette conclusion que les droits des créanciers hypothécaires ne peuvent, à aucun point de vue ni à aucun moment, s'exercer sur le fret ou sur les profits donnés par le navire.

Ce ne sont pas seulement les navires achevés que la loi nouvelle permet d'hypothéquer ; elle étend le bénéfice du droit nouveau aux navires en construction.

En pareil cas, « l'hypothèque, aux termes de l'article 5, « doit être précédée d'une déclaration faite au bureau du « receveur des douanes du lieu où le navire est en cons- « truction. Cette déclaration indique la longueur de la « quille et approximativement les autres dimensions ainsi « que le port présumé. Elle mentionne l'emplacement de « la mise en chantier. »

Son but est de constater l'identité du bâtiment qui n'a pas encore d'état civil et d'empêcher la substitution frauduleuse, après coup, d'un navire à un autre.

De toutes les mentions propres à réaliser ce désidératum, la plus utile eût été celle du nom ; beaucoup de bâtiments ont les mêmes dimensions ; peu ont le même nom. Si on ne l'a pas exigée, c'est qu'on a craint de créer des embarras à l'entrepreneur ; il ne sait pas, en effet, dans le cas où il construit pour lui-même, le nom que l'acheteur voudra donner au navire. Il y avait un moyen de tout concilier : le navire en construction aurait pu recevoir un nom provisoire qu'on aurait permis à l'acquéreur de modifier. Au moment de la francisation, la douane aurait substitué le nouveau nom à l'ancien dans les inscriptions prises précédemment.

L'hypothèque ne peut être constituée que lorsque les

travaux sont commencés ; autrement, elle ne saisirait rien et serait nulle faute d'objet. Mais quel doit être le degré d'avancement de la construction ? La loi ne s'en explique pas ; c'est donc une question de fait et d'appréciation.

Elle chemine au fur et à mesure de la confection de l'œuvre et atteint son complet développement lorsque le navire est achevé.

Est-ce à dire que la disposition de l'article 5 trouve son fondement juridique dans l'article 2133 du Code civil qui décide que l'hypothèque profite des améliorations de la chose hypothéquée ? Cette explication ne nous satisferait pas ; on ne peut considérer comme une amélioration le travail qui fait d'un amas informe de matériaux, un bâtiment mâté, gréé, prêt à prendre la mer. Il faut le reconnaître, l'article 5 en faisant porter l'hypothèque sur un bien futur, le navire achevé, en dehors du cas où l'article 2130 du Code civil l'autorise exceptionnellement, introduit une dérogation aux principes du droit commun. Rien ne s'opposait à ce que la loi de 1874 la consacrât si elle était utile et son utilité est manifeste. Pour en rendre compte, nous nous placerons successivement dans deux hypothèses, selon que le constructeur opère pour son compte ou qu'il construit sur commande.

1° Lorsque le constructeur opère pour son compte, l'hypothèque lui permet d'éviter l'immobilisation de ses capitaux et de faire des travaux pour une valeur notablement supérieure à ses ressources pécuniaires. En offrant la garantie des navires en chantier, il se procurera des fonds pour achever les anciennes constructions et en commencer de nouvelles, sans avoir besoin d'attendre le bon vouloir des acquéreurs.

N'exagérons pas cependant l'efficacité de cette hypothèque. M. le rapporteur le faisait remarquer lui-même, le créancier qui accepte pour gage une chose inachevée, peut craindre que le débiteur ne lui donne jamais le complément dont elle a besoin. Pour ne pas se mettre à la merci du constructeur, il n'acceptera en garantie que la valeur des constructions faites et ne tiendra pas compte de celle des constructions à faire.

2° La construction se fait sur commande. Ici se pose une question préalable : à qui appartient le navire en chantier?

Nous devons, pour la résoudre, nous fixer d'abord sur la nature du contrat intervenu entre le donneur d'ordres et l'entrepreneur. Est-ce un louage ou une vente? On s'accorde généralement à reconnaître que l'opération constitue une vente. Il est vrai que l'article 1787 du Code civil qui traite de ce genre de marchés est placé au titre du louage, mais cette classification s'explique par l'influence de la tradition. Presque tous les jurisconsultes romains et, après eux, Pothier déclaraient qu'il y avait vente et cependant traitaient la question au titre du louage.

Il nous reste à déterminer le moment où se réalise le transfert de propriété. Cette détermination est facile si on considère que la vente a pour objet une chose future, une chose à créer. Ce que l'acheteur veut, c'est un *opus perfectum* ; l'obligation du vendeur est indivisible en raison du point de vue sous lequel les parties l'ont considérée. Il n'y a place pour un transfert de propriété que lorsque le navire que l'entrepreneur s'est obligé à livrer après l'avoir construit, est complètement terminé.

Le navire en chantier appartient donc au constructeur et la solution ne change pas même lorsque l'armateur consent à faire des avances, parce qu'il est toujours vrai de dire que les parties n'ont en vue, au moment du contrat, qu'un navire achevé. Ainsi l'a décidé un arrêt de la Cour de cassation du 20 mars 1872 qui a fixé la jurisprudence (1) et la loi de 1874 est partie de cette donnée.

Lorsque le constructeur tombe en faillite avant la livraison, le donneur d'ordre n'a donc pas le droit de revendiquer le navire ; il vient, pour ses avances, dans la masse chirographaire. Ici, apparaît, à un point de vue nouveau, l'utilité de l'hypothèque sur le navire en chantier ; elle préserve le bailleur de fonds contre le danger que nous venons de signaler ; elle lui donne le moyen de s'assurer un droit de préférence sur le bâtiment que ses avances ont contribué à créer.

Là s'arrête le rôle utile de l'hypothèque dans l'hypothèse d'une construction sur commande. Sans doute, l'entrepreneur peut offrir le navire en garantie à des tiers autres que le donneur d'ordres, mais l'accepteront-ils ? C'est douteux ; la sécurité leur manquerait parce qu'ils ne savent pas exactement sur qui repose la propriété du navire inachevé.

1. D. P. 1872, 1. 140.

La jurisprudence l'attribue au constructeur, mais elle n'est pas immuable et quand même la question serait tranchée législativement, les parties resteraient toujours libres de régler leurs rapports comme bon leur semblerait, de stipuler, par exemple, que le donneur d'ordres aurait droit à une part de propriété correspondante à la valeur des avances par lui faites.

Le tiers prêteur qui voudrait éviter une déception devrait prendre une connaissance exacte des clauses du contrat de construction ou mieux, faire intervenir dans l'acte d'hypothèque les deux personnes entre lesquelles flotte la propriété du navire afin d'avoir un droit opposable à l'une et à l'autre.

CHAPITRE II

PUBLICITÉ DE L'HYPOTHÈQUE.

La publicité est la condition essentielle de l'efficacité de l'hypothèque comme moyen de crédit.

Elle permet au prêteur de mesurer exactement le degré de garantie sur lequel il peut compter et d'éviter toute surprise.

Nous grouperons dans six sections toutes les questions qui s'y rattachent :

1° Fonctionnaires chargés de procéder à l'inscription.

2° Mode de publicité de l'hypothèque. Du lieu où la formalité doit être accomplie.

3° De l'hypothèque éventuelle.

4° Détermination du moment à partir duquel l'inscription ne peut plus être prise.

5° Formalités de l'inscription.

6° Effets de l'inscription.

SECTION I

Fonctionnaires chargés de procéder à l'inscription.

Après avoir posé les règles relatives à la constitution de l'hypothèque et voulant s'occuper d'organiser la publicité, l'Assemblée nationale avait, tout d'abord, à trancher la question de savoir à qui serait confiée la tenue des registres.

Il était naturel de désigner à cet effet, les receveurs des douanes qui jouaient déjà le rôle de conservateurs de la propriété maritime. A ce point de vue, leurs fonctions se rapprochaient déjà sensiblement de celles qui appartiennent aux conservateurs des hypothèques en ce qui concerne les immeubles. Quoi de plus logique que d'étendre cette assimilation aux charges qui grèvent la propriété et, par suite, de les charger de procéder à l'inscription de l'hypothèque maritime? Cette solution, consacrée par l'article 6, présente de grands avantages. Le régistre des hypothèques se trouve toujours à portée du navire. Les renseignements relatifs à l'état de la propriété et aux charges hypothécaires sont fournis par le même bureau, tandis qu'il aurait fallu s'adresser à deux bureaux peut-être éloignés l'un de l'autre, si on avait séparé le service des mutations de celui des inscriptions.

Cependant quelques objections furent soulevées au sein de l'Assemblée nationale; on alléguait que les receveurs des douanes étaient trop peu versés dans les matières juridiques pour bien remplir la mission qu'on voulait leur donner et on proposait de la confier aux conservateurs des hypothèques. Cette proposition fut rejetée pour les raisons d'utilité pratique que nous avons exposées. On fit, de plus, remarquer que les receveurs des douanes n'auraient pas à surmonter, dans l'exercice de leurs nouvelles fonctions, plus de difficultés que dans le service des mutations dont ils étaient chargés depuis longtemps déjà. L'exclusion des hypothèques légale et judiciaire écarte, en effet, presque toutes les complications que présente le service d'inscription de l'hypothèque terrestre.

Toutefois, les receveurs peuvent commettre des fautes. Convenait-il d'appliquer les dispositions de la loi des 22 août, 6 octobre 1792 (art. 19), qui rend l'administration responsable? Non, parce que les situations sont différentes.

La loi précitée s'occupe des agents de la douane en tant qu'ils agissent pour le compte de l'État et la règle qu'elle édicte est alors très rationnelle. Elle aurait cessé de l'être si on l'avait étendue au cas où les receveurs jouent le rôle de conservateurs des hypothèques parce qu'ils n'interviennent ici que dans l'intérêt des particuliers.

L'État n'a pas plus à répondre de leurs fautes qu'il ne répond de celles du conservateur de l'hypothèque terrestre. Seulement, de même que ceux-ci ont deux cautionnements l'un en faveur de l'administration, l'autre destiné à la sauvegarde des intérêts privés, il devenait nécessaire d'exiger des receveurs des douanes un cautionnement supplémentaire pour assurer l'efficacité des recours auxquels les expose l'exercice de leurs nouvelles attributions.

L'article 30 de notre loi décidait que la valeur du cautionnement supplémentaire serait fixée par un décret rendu dans la forme des réglements d'administration publique.

Ce décret a paru le 23 avril 1875 et son article 5 est ainsi conçu :

« Les employés de la douane chargés du service de l'hy-
« pothèque maritime, auront à fournir, pour la garantie
« des actes auxquels donnera lieu l'exécution de la loi du
« 10 décembre 1874, un cautionnement supplémentaire
« égal au dixième de leur cautionnement actuel. Ce cau-
« tionnement supplémentaire devra être fourni en immeu-
« bles ou en rentes nominatives sur l'État, conformément
« à ce qui est réglé pour les hypothèques terrestres. Les
« rentes sur l'État seront capitalisées au denier vingt. La
« libération du cautionnement supplémentaire ne pourra
« être réclamée qu'après un délai de trois ans, à dater du
« dernier jour de la gestion du comptable. »

La garantie qui résulte pour les tiers de cette fixation du taux du cautionnement est insuffisante. Le cautionnement ordinaire des receveurs est au maximum de 110.000 francs (1), de sorte que l'autre ne dépassera jamais 11.000 francs, somme bien faible lorsqu'une faute de l'agent est de nature à entraîner pour le créancier hypothécaire une perte considérable. La valeur des navires qui se chiffre souvent par des millions, donne une idée de l'importance des sommes qui peuvent être avancées aux armateurs moyennant la concession d'une hypothèque.

Le décret du 23 avril 1875 prévoit lui-même cette insuffisance et réserve dans son article 6, la possibilité d'une révision. On s'est montré peu exigeant parce qu'il a paru juste de ne pas imposer aux agents de la douane une

1. Décret des 31 octobre, 14 novembre 1850.

charge considérable en vue d'actes qui probablement peu fréquents au début, ne leur procureraient que de très faibles émoluments. Nous espérons que le développement de l'hypothèque maritime permettra bientôt d'écarter ces scrupules.

SECTION II

Mode de publicité de l'hypothèque. Du lieu où la formalité doit être accomplie.

L'hypothèque terrestre est rendue publique par une inscription qui est faite au bureau de la conservation des hypothèques du lieu de la situation de l'immeuble. C'est là que les tiers viennent se renseigner avant de traiter avec le propriétaire.

Pour les navires, le lieu de la situation est remplacé par le port où ils sont immatriculés et qui constitue, en quelque sorte, leur domicile légal. Les registres sont publics ; aux termes de l'article 16, le receveur des douanes est tenu de délivrer à tous ceux qui le requièrent, l'état des inscriptions qui grèvent un navire ou un certificat qu'il n'en existe aucune.

La loi de 1874 ne se contente pas de la publicité obtenue au moyen de l'inscription sur les registres du port d'attache. Elle prévoit le cas où le navire a quitté ce port au moment de la conclusion du prêt hypothécaire. Si le prêteur était obligé d'écrire au receveur compétent pour se renseigner, il en résulterait une perte de temps absolument inconciliable avec la célérité qu'exige la conclusion des affaires commerciales. Pour l'éviter, l'article 6, § 2, prescrit de mentionner l'inscription au dos de l'acte de francisation ; cet acte accompagne le navire et sa présentation ne laisse aucun doute sur l'existence ou la non-existence d'hypothèques antérieures.

Tel est, dans sa généralité, le mode de publicité de l'hypothèque maritime. Mais tous les navires ne se trouvent pas dans la même situation ; les uns sont francisés, d'autres n'ont pas encore reçu leur acte de nationalité. Il peut arriver aussi que le bâtiment change de port d'immatricule. A ces divers cas correspondent des règles de détail que nous allons examiner :

1° S'agit-il d'un navire admis à la francisation et présent au port d'attache, la publicité de l'hypothèque s'obtient par le procédé que nous avons indiqué et qui consiste dans une double inscription faite, à la fois, l'une sur le registre de la douane, l'autre sur l'acte de francisation.

2° Lorsque le navire est en construction, il n'a et ne peut avoir ni acte de francisation, ni port d'immatricule. Une seule inscription suffit ; elle est opérée au bureau du lieu de la construction.

Plus tard au moment de la francisation, le receveur du port où l'armateur voudra faire immatriculer son navire, exigera la production d'un état des inscriptions prises antérieurement ou un certificat qu'il n'en existe aucune. S'il y en a, il les reportera d'office sur l'acte de francisation ainsi que sur ses registres.

3° Lorsque le navire change de port d'attache, le receveur du nouveau port reproduit sur ses registres, avec mention de leurs dates respectives, les inscriptions non rayées. Il se fait présenter un certificat délivré par le receveur du lieu où le navire était précédemment immatriculé. Cette pièce lui fournit tous les renseignements dont il a besoin.

Ainsi les tiers, désireux de se renseigner, n'ont pas à rechercher si le navire a eu successivement plusieurs ports d'immatricule. Tous les documents relatifs à son état hypothécaire sont réunis au bureau du lieu qui lui sert actuellement de domicile légal.

Pour être complet, nous avons encore à parler du cas où l'hypothèque est consentie au cours d'un voyage entrepris par le navire ; mais les règles établies par la loi en vue de cette hypothèse exigent de longs développements ; nous leur consacrons une section spéciale.

Section III

De l'hypothèque éventuelle.

Nous avons vu que la publicité de l'hypothèque maritime s'obtient, en principe, au moyen de deux inscriptions faites simultanément, l'une sur les registres de la douane, l'autre sur l'acte de francisation.

L'accomplissement de cette formalité, très facile lorsque le navire est présent au port d'immatricule, devient irréalisable lorsqu'il est en cours de voyage parce que l'acte de francisation le suit partout.

L'absence du navire eût donc enlevé au propriétaire la faculté de l'hypothéquer, si la loi n'y avait pourvu au moyen d'une combinaison connue, dans la pratique, sous le nom d'hypothèque éventuelle.

Elle est indiquée dans l'article 26 dont nous reproduisons les termes :

« Le propriétaire qui veut se réserver la faculté d'hypo-« théquer son navire en cours de voyage, est tenu de « déclarer, avant le départ du navire, au bureau du rece-« veur des douanes du lieu où le navire est immatriculé, « la somme pour laquelle il entend pouvoir user de ce « droit.

« Cette déclaration est mentionnée sur le registre du « receveur et sur l'acte de francisation à la suite des hypo-« thèques déjà existantes.

« Les hypothèques réalisées en cours de voyage sont « constatées sur l'acte de francisation, en France et dans « les possessions françaises, par le receveur des douanes ; « à l'étranger, par le consul de France, ou, à défaut, par « un officier public du lieu du contrat. Il en est fait men-« tion par l'un et par l'autre, sur un registre spécial qui « sera conservé pour y avoir recours, au cas de perte de « l'acte de francisation par naufrage ou autrement avant

« le retour du navire. Elles prennent rang du jour de leur « inscription sur l'acte de francisation.

« La mention faite en vertu du paragraphe 2 du présent « article ne pourra être supprimée qu'après le voyage ac- « compli et sur la présentation de l'acte de francisation. »

Ajoutons, bien que la loi ne le dise pas, que dès le retour du navire au port d'attache, les inscriptions réalisées en cours de route, seront reportées sur les registres de la douane.

Les formalités prescrites par l'article 26 sont substantielles. Nous ne faisons d'exception que pour la mention prescrite sur le registre spécial du lieu du contrat. Ce registre n'a pas pour objet de rendre l'hypothèque publique; ce n'est pas à lui que les tiers s'adresseront pour connaître la solvabilité de l'armateur. Il n'indique, en effet, que quelques-unes des hypothèques qui peuvent grever le navire; il sera généralement très difficile de savoir où le trouver parce que la déclaration préalable de l'armateur ne fixe pas la place ou les places où l'hypothèque éventuelle doit pouvoir se réaliser. Enfin, si l'inscription a été faite par un officier public étranger, il peut arriver qu'il n'ait pas tenu de registre; les dispositions de la loi française sont pour lui un conseil et non un ordre. Comment faire retomber les conséquences de sa négligence sur les prêteurs qui n'ont pas de recours à exercer contre lui?

Le registre spécial et les mentions qu'il renferme ne jouent donc qu'un rôle très secondaire : leur objet est de remédier, le cas échéant, à la perte de l'acte de francisation. Lorsque cet évènement ne se réalise pas, il y aurait de l'exagération à leur attribuer quelque importance.

Dans leur conception de l'hypothèque éventuelle, les rédacteurs de la loi de 1814 se sont inspirés de la pratique anglaise, mais sans la suivre jusqu'au bout parce qu'ils poursuivaient un but plus complexe.

Le *merchant shipping act* exige que le propriétaire qui veut obtenir un certificat de mortgage, indique à l'enregistreur :

1° Les noms des personnes par qui le pouvoir mentionné dans le certificat peut être exercé ou bien qu'il se réserve de les désigner ultérieurement, et le montant maximum des charges à créer.

2° La place ou les places où le pouvoir peut être exercé.

3° La limite de temps après lequel le certificat perdra son effet.

Ainsi compris, le certificat de mortgage se distingue nettement du prêt à la grosse ; chacun d'eux a sa sphère d'action bien tracée. Le second, destiné à parer aux éventualités de la navigation, aux besoins pressants du navire, est à la discrétion du capitaine qui en use en tout lieu et pour la somme qu'il juge nécessaire. Le premier est un mandat donné à une personne qui peut être le capitaine, d'hypothéquer le navire en tel lieu pour se procurer les fonds nécessaires aux opérations commerciales. Il n'a pas pour objet de pourvoir aux chances de la navigation mais de donner aux correspondants de l'armateur, à l'étranger, un moyen de fortifier leur crédit.

La loi française, nous l'avons dit, tend à donner à l'hypothèque éventuelle un rôle plus étendu ; elle veut en faire, à la fois, un moyen de crédit pour l'armateur en vue de ses opérations commerciales et pour le capitaine, en vue des besoins urgents du navire. On espérait ainsi rendre très exceptionnel le prêt à la grosse en cours de voyage et le remplacer par le prêt hypothécaire. C'est pour cela que l'article 26 n'exige pas de l'armateur, au moment de la déclaration préalable, les indications de temps et de lieu dont parle la loi anglaise.

Un tel espoir était chimérique. Le prêt à la grosse en cours de voyage s'impose et s'imposera toujours. On peut déplorer les conditions onéreuses qu'il fait peser sur l'armement, mais le capitaine n'a souvent aucun autre moyen de sauver le navire et nécessité fait loi. En effet, lorsqu'un navire, avarié, désemparé, relâche sur une place étrangère, quelle garantie peut-il offrir aux capitaux pour les solliciter? Le capitaine fera-t-il valoir le crédit personnel de l'armateur? L'armateur est bien loin et on ne le connait pas. Le bâtiment offre seul une garantie palpable, s'il nous est permis de nous exprimer ainsi : les prêteurs lui donneront l'argent qu'ils refuseraient à l'armateur en se réservant, à titre de compensation et pour le cas de perte, un gain considérable. C'est que la perte de leur gage entrainerait celle de leur créance. Le prêt hypothécaire n'aurait pas le même inconvénient, mais nous avons déjà fait remarquer que la solvabilité personnelle de l'armateur ne constituait pas à leurs yeux un facteur important ; tous jugeront que le privilège et les profits du prêt à la grosse valent mieux.

Cette dernière forme d'emprunt, avec ses avantages et ses inconvénients, répond aussi bien que possible aux circonstances en vue desquelles la loi en autorise l'usage. L'hypothèque éventuelle ne la remplacera que très rarement ; d'ailleurs, son mécanisme se prête mal à la satisfaction des besoins urgents de la navigation. Le propriétaire ne peut déterminer, à l'avance, le montant des dépenses qui seront nécessaires pour réparer le navire tombé en avaries ; si la somme déclarée à la douane est inférieure à ce chiffre, l'hypothèque éventuelle perd son utilité ; dans le cas contraire, elle est dangereuse parce que le capitaine peut abuser des pouvoirs qui lui ont été donnés.

Nous arrivons à cette conclusion que l'hypothèque éventuelle n'est bonne que pour fortifier le crédit de l'armateur sur les places étrangères où il est déjà connu, soit par lui-même, soit par ses correspondants.

L'extension que le législateur a essayé de lui donner nuit au jeu de cette combinaison et en rend l'utilisation très problématique (1). Comme la déclaration préalable ne précise rien, si ce n'est le montant maximum de la somme que pourra garantir l'hypothèque, le capitaine reste libre d'hypothéquer le navire en tout temps et en tout lieu ; le retour du bâtiment au port d'immatricule permet seul d'avoir la certitude qu'on ne l'a grevé d'aucune charge pendant le voyage de sorte que le crédit de l'armateur

1. La pratique ne l'a pas adoptée.

reste en souffrance jusqu'à ce moment. La perte sans nouvelles du navire fait durer indéfiniment cette incertitude ; les assureurs menacés de voir surgir des hypothèques constituées sur une place qu'il est impossible de connaître *a priori*, ne paieront d'indemnité qu'après l'expiration d'un délai de trois ans parce qu'alors la péremption aura produit son effet et leur donnera toute sécurité.

L'adoption du système pratiqué par les Anglais ferait disparaître le second inconvénient signalé, mais n'aurait pour conséquence que d'atténuer le premier. L'hypothèque éventuelle diminue nécessairement le crédit de l'armateur sur sa place et nous ne pensons pas que les avantages qu'elle lui procure à l'extérieur, soient une compensation suffisante. Notre opinion est confirmée par l'expérience. « Il est très « rare, écrivait le président de la chambre de commerce « de Glascow, qu'un navire soit hypothéqué à l'étranger, « et l'on peut même douter que le cas se présente jamais. » Or, ce qui est vrai pour les uns l'est aussi pour les autres ; le commerce a partout les mêmes besoins.

Nous verrions donc, sans regrets, disparaître l'hypothèque éventuelle. Cette première réforme permettrait d'en réaliser une autre très importante dans le mode de publicité organisé pour l'hypothèque maritime. La nécessité de mentionner l'inscription, son renouvellement et sa radiation sur l'acte de francisation, constitue une complication dangereuse pour le créancier ; elle a paralysé, en partie, l'action de la loi du 10 décembre 1874. Du jour où l'hypothèque éventuelle serait abrogée, il ne serait plus indispensable que le navire en cours de voyage portât, avec son acte de francisation, l'indication de son état hypothécaire. On pourrait se contenter, comme instrument de publicité, des registres tenus par le receveur des douanes. Avec ce système, le propriétaire aurait la faculté d'hypothéquer aussi librement son navire absent que celui qui est présent au port d'immatricule.

Telle est l'économie, sur ce point, du projet de loi de MM. Jules Godin et Peulevey.

Dans sa séance du 9 février dernier, la commission de la marine marchande a pris une décision tendant à la suppression de l'hypothèque éventuelle.

Section IV

Détermination du moment à partir duquel l'inscription ne peut plus être prise utilement.

Le créancier peut requérir l'inscription aussitôt que l'hypothèque a été constituée.

Conserve-t-il ce droit indéfiniment? N'est-il pas exposé à le prerdre?

Pour résoudre ces questions, nous devons nous référer aux règles du droit commun et aux dispositions du droit maritime.

Le droit, pour le créancier, de requérir une inscription qui lui soit profitable, reçoit une atteinte des trois évènements suivants : la vente du navire, la faillite du débiteur, son décès lorsque sa succession n'est acceptée que sous bénéfice d'inventaire. Nous nous en occuperons successivement.

1° *Vente du navire.* — L'inscription a pour effet, ainsi que nous le verrons bientôt, de vivifier l'hypothèque, de constituer définitivement le droit qui en résulte. Or, ce droit ne peut plus naître lorsque le navire a cessé, au regard du créancier, d'être la propriété de celui qui a consenti l'hypothèque (1).

Le principe est incontestable mais son application présente des difficultés sérieuses. Il s'agit de déterminer avec précision le moment auquel s'opère la translation de la propriété au regard des tiers.

Voici les solutions qui nous paraissent devoir être admises :

Pour le navire non francisé, la propriété est transférée non seulement entre les parties mais aussi au point de vue des tiers, par la seule vertu de la convention, pourvu qu'elle ait été constatée par écrit et que l'acte ait reçu date certaine (2).

Lorsque le navire a été admis à la francisation, il faut quelque chose de plus. La translation de propriété ne devient opposable aux tiers que du jour où la mutation en douane prescrite par l'article 17 du décret de vendémiaire an VI a eu lieu. Ce système ne s'appuie pas sur un texte précis mais les traditions de l'ancien droit lui donnent une

1. Articles 18 de notre loi et 2166 du Code civil.
2. Article 1138, C. civil et 195 C. de commerce.

grande autorité et la jurisprudence l'a consacré (1). L'obligation de faire mentionner sur des registres spéciaux les ventes de navires remonte très haut ; un règlement de Strasbourg, portant la date du 24 octobre 1681, le prescrivait déjà et Valin qui le commente, a soin de dire qu'il n'avait pas uniquement un but politique, celui d'empêcher l'exportation des navires français, mais qu'il tendait aussi, accessoirement, à la protection des intérêts privés. Lorsque la déclaration n'a pas été faite au tribunal de l'Amirauté, rapporte ce savant jurisconsulte, « le navire est réputé « appartenir aux mêmes intéressés que ceux déclarés d'a- « bord. » Le décret de vendémiaire an II a succédé à ce réglement mais sans y apporter d'autre changement que la substitution de la douane aux tribunaux de l'Amirauté. La transcription de l'acte de vente vaut aujourd'hui ce que valait autrefois la déclaration de propriété. Jusqu'au jour où elle est accomplie, le créancier hypothécaire du chef du vendeur peut s'inscrire utilement.

2° *Faillite du débiteur.* — Le jugement qui déclare la faillite fixe la position de tous les créanciers. Désormais, nul d'entre eux ne peut modifier sa situation à l'égard des autres ; il n'est plus temps de faire inscrire une hypothèque précédemment constituée (2).

Cette règle ne s'applique, il est à peine besoin de le faire remarquer, qu'aux inscriptions qui conféreraient un

1. Cass. 3 juin 1863. D. P. 1863, 1, 289. Cass., 16 mars 1864. D. P. 1864, 1, 161.

2. Art. 448 du C. de commerce.

droit nouveau. Ainsi, le renouvellement d'une inscription est toujours possible parce qu'il n'a pour objet que d'assurer la conservation d'un droit acquis.

La faillite produit des effets même dans le passé. Aux termes de l'article 448 du Code de commerce, les inscriptions prises après l'époque de la cessation des paiements ou dans les dix jours qui précèdent, peuvent être déclarées nulles s'il s'est écoulé plus de quinze jours entre la date de l'acte constitutif de l'hypothèque et celle de l'inscription.

3° *Décès du débiteur lorsque la succession est acceptée sous bénéfice d'inventaire.* — Ce mode d'acceptation fait présumer l'insolvabilité de la succession. Dans ce naufrage commun, aucune cause de préférence ne peut plus naître au profit d'un créancier. La pensée qui a inspiré le législateur est la même qu'en matière de faillite (1).

Section V

Formalités de l'inscription.

Cette matière est réglée par les articles 8 et 9 de notre loi qui reproduisent les articles 2148 et 2150 du Code civil sans y apporter, à peu de chose près, d'autres changements que ceux qui étaient motivés par la nature particulière de l'hypothèque maritime.

1. Art. 2146 C. civil.

Ils sont ainsi conçus :

Art. 8. — « Pour opérer l'inscription, il est présenté « au bureau du receveur des douanes un des originaux du « titre constitutif d'hypothèque, lequel y reste déposé s'il « est sous-seing privé ou reçu en brevet, ou une expédi- « tion s'il en existe minute.

« Il y est joint deux bordereaux signés par le requérant, « dont l'un peut être porté sur le titre présenté. Ils con- « tiennent :

« 1° Les noms, prénoms et domiciles du créancier et du « débiteur et leur profession, s'ils en ont une ;

« 2° La date et la nature du titre ;

« 3° Le montant de la créance exprimée dans le titre ;

« 4° Les conventions relatives aux intérêts et au rem- « boursement ;

« 5° Le nom et la désignation du navire hypothéqué, « la date de l'acte de francisation ou de la déclaration de « sa mise en construction ;

« 6° Élection de domicile, par le créancier, dans le lieu « de la résidence du receveur des douanes. »

Art. 9. — « Le receveur des douanes fait mention sur « son registre du contenu aux bordereaux et remet au re- « quérant l'expédition du titre, s'il est authentique, et l'un « des bordereaux au pied duquel il certifie avoir fait l'ins- « cription. »

Dans l'étude que nous allons entreprendre, nous rechercherons, en particulier, quelles sont, parmi les mentions portées sur les bordereaux, celles dont l'omission entraînerait la nullité de l'inscription. Pas plus que le Code civil, la loi de 1874 ne tranche cette question. Pour la résoudre, nous partirons de ce principe que le but de l'inscription est de prévenir les tiers des hypothèques qui peuvent exister sur le navire et de leur permettre de se renseigner exactement sur la mesure dans laquelle elles portent atteinte au crédit du propriétaire. Toutes les mentions qui concourent à ce but doivent être considérées comme substantielles; les autres ont moins d'importance et, en l'absence de texte, leur omission ne serait pas une cause de nullité.

Le créancier qui requiert une inscription doit présenter au receveur des douanes le titre qui justifie sa demande. L'administration conserve l'original ou bien l'expédition seulement si l'acte a été reçu par un notaire avec minute.

Ce dépôt couvre la responsabilité du receveur vis-à-vis du propriétaire du navire, mais il a des inconvénients pour le créancier dans le cas où l'acte d'hypothèque a été reçu en brevet; le notaire ne dresse, en effet, qu'un seul original des actes qu'il reçoit ; le créancier, tenu de s'en dessaisir, peut éprouver plus tard des embarras, soit qu'il veuille céder son droit, soit qu'il ait à repousser une contestation portant sur son existence.

La présentation de l'acte d'hypothèque ne constitue pas une formalité substantielle ; elle n'est prescrite que dans l'intérêt du receveur des douanes. S'il passe outre, la validité de l'inscription n'est pas contestable.

La seconde formalité consiste dans la remise de deux bordereaux qui contiennent un certain nombre de mentions puisées dans le contrat constitutif de l'hypothèque. Conformément au droit civil, l'article 8 permet que l'un des bordereaux soit porté sur le titre, mais, plus sévère à un autre point de vue, il exige que le requérant y appose sa signature. C'est un supplément de garantie que les rédacteurs de la loi n'ont pas cru devoir négliger en raison de la faculté donnée aux parties de faire l'acte d'hypothèque sous signatures privées. On peut craindre un faux et on exige que le créancier affirme une fois de plus la sincérité du titre qu'il invoque.

Cette signature a une autre utilité : elle permet de savoir qui du receveur des douanes ou du requérant, est en faute lorsqu'il y a des omissions ou des erreurs dans l'inscription.

Le receveur des douanes peut refuser de procéder à l'inscription lorsque le créancier ne lui présente pas les bordereaux, mais il n'aurait pas le droit de retarder l'accomplissement de la formalité sous le prétexte qu'ils sont incomplets. La reproduction exacte des mentions qu'ils contiennent, le met complètement à couvert et la preuve de cette similitude est toujours facile grâce au bordereau dont l'administration conserve le dépôt.

D'autre part, en vue du cas où l'inscription requise n'a pas été faite, la loi avise à ce que le créancier ait un moyen facile de faire valoir ses droits contre l'agent de la douane négligent ou coupable. Aux termes de l'article 9, l'un des bordereaux lui est remis avec une note dans laquelle le receveur certifie avoir fait l'inscription.

Les deux bordereaux servent, comme nous venons de le

dire, de type à l'inscription*; ils contiennent diverses mentions que l'article 8 énumère dans six paragraphes différents.

1° La première a trait aux noms, prénoms, domiciles du créancier et du débiteur et à leur profession s'ils en ont une. Ces indications servent à les individualiser, à les distinguer sans confusion possible de toute autre personne.

Sont elles substantielles ? Nous admettrons sans difficulté que l'omission d'une ou de quelques-unes d'entre elles, n'entraine pas la nullité de l'inscription, lorsqu'elle ne laisse planer aucun doute sur l'identité des parties. Mais supposons que les erreurs ou omissions soient de nature à tromper les tiers. On décide très souvent, en pareil cas, sans faire aucune distinction entre les mentions relatives au créancier et celles qui ont trait à la personne du débiteur, que l'inscription est entachée d'une cause de nullité. Nous pensons, au contraire, que cette distinction s'impose.

L'erreur sur le débiteur annule l'inscription, cela n'est pas douteux ; elle fait de la publicité donnée à l'hypothèque un danger lorsqu'elle doit être une sauvegarde ; mais lorsqu'elle porte sur le créancier, la même solution nous paraît trop rigoureuse. L'indication du créancier importe peu du moment que la créance et l'hypothèque sont connues de ceux qui contractent avec tel propriétaire ; elle n'a pas d'influence sur la question de savoir s'il est ou non solvable.

Cette indication a surtout pour objet de mettre le tiers acquéreur qui veut purger, à même de connaître celui ou ceux auxquels il doit adresser des notifications ; de mettre le poursuivant, lors de la distribution des deniers, en état de faire les sommations prescrites par l'article 213 du Code de commerce. Si elle est inexacte, le créancier restera étranger à ces deux procédures. C'est déjà très fâcheux pour lui ; pourquoi veut-on lui infliger un plus grand préjudice en annulant l'inscription ? L'intérêt des tiers n'est pas en cause car ils ne souffrent pas d'une fausse désignation du créancier. Les significations par eux faites à celui que l'inscription désigne comme tel et au domicile élu, les mettent à couvert et produisent tous les effets qu'ils sont en droit d'en attendre.

L'erreur sur la personne du débiteur sera très rare ; l'acte de francisation sur lequel l'inscription doit être mentionnée la ferait ressortir immédiatement.

2° La deuxième mention portée sur les bordereaux indique la date et la nature du titre.

La date du titre permet aux intéressés de savoir si celui qui a concédé l'hypothèque, avait à ce moment la capacité voulue. Elle n'est pas substantielle ; nous ne voyons pas que son omission porte au principe de la publicité une atteinte dangereuse pour les tiers.

L'indication de la nature du titre se conçoit en matière civile parce que le créancier peut tenir ses droits d'une convention, d'un jugement ou même de la loi ; elle ne nous paraît pas utile en matière maritime ; on sait d'avance que l'hypothèque résulte d'une convention.

3° Les bordereaux s'expliquent aussi sur le montant de la créance garantie.

Cette mention est substantielle ; son omission équivaudrait au défaut d'inscription parce qu'elle rendrait la publicité illusoire. Rien ne peut en dispenser ; si l'hypothèque est consentie pour des droits indéterminés, le créancier doit en faire une évaluation qui figure dans l'inscription.

4° Viennent ensuite les conventions relatives aux intérêts et celles relatives au remboursement. Elles n'ont pas une importance égale.

Si l'inscription ne dit rien des intérêts que produit la créance l'hypothèque n'en garantit pas le paiement. Sur le prix du navire, le créancier ne pourra se faire colloquer que pour le capital.

L'omission de la mention relative au remboursement ne cause aux tiers aucun préjudice. S'agit-il d'un acquéreur qui veut purger ? Les notifications par lui faites doivent s'adresser à tous les créanciers sans distinction des dettes exigibles et non exigibles. S'agit-il d'un capitaliste disposé à consentir un prêt ? Cette omission n'a d'autre effet que de diminuer à ses yeux le crédit de l'emprunteur. L'inscription atteint toujours son but qui est d'empêcher les tiers de tomber dans un piège et de se faire des illusions sur la valeur de l'hypothèque qu'ils acceptent. Il n'y a donc pas lieu de la déclarer nulle.

5° Le requérant doit avoir soin non-seulement de porter sur les bordereaux le nom du navire grevé d'hypothèque, mais encore de le désigner et d'indiquer la date de l'acte de francisation.

Le nom du navire, sa désignation doivent être considérés comme substantiels. Pour que les certificats délivrés par le receveur des douanes renseignent exactement les tiers, il faut, avant tout, qu'il n'y ait aucun doute sur l'objet hypothéqué. La mention du nom ne suffirait pas parce qu'il arrive quelquefois que plusieurs bâtiments portent le même nom ; elle doit être complétée par l'indication de ses dimensions et de son espèce, selon qu'il s'agit d'un brick, d'une goëlette, etc.

La loi prescrit qu'on mentionne aussi la date de l'acte de francisation ; elle force ainsi les parties à le consulter et les met à même d'éviter une erreur dans la désignation.

Lorsque l'hypothèque est constituée sur un navire en construction, le nom et la désignation ne peuvent être exigés dans les bordereaux. Il suffit d'indiquer la date de la déclaration de la mise en construction. Nous avons vu que cette déclaration contient tous les éléments propres à assurer l'identité du bâtiment.

6° Enfin, les bordereaux contiennent élection de domicile, par le créancier, dans le lieu de la résidence du receveur des douanes.

L'article 2148 du Code civil est plus large ; il admet que le créancier peut élire domicile dans un lieu quelconque de l'arrondissement du bureau du conservateur. La modification introduite par l'article 8 de notre loi s'explique par le désir d'amener un prompt réglement des divers intérêts que l'hypothèque maritime peut mettre en jeu.

L'élection de domicile donne de grandes facilités au débiteur et aux tiers toutes les fois qu'ils veulent s'adresser au créancier hypothécaire. C'est donc un élément important de la publicité ; la jurisprudence décide même que c'est un élément essentiel.

Nous ne l'admettons pas. Nous revenons toujours à notre principe : il n'y a de subtantielles que les mentions dont l'omission peut tromper les tiers en leur déguisant la situation du débiteur. Tel n'est pas le cas. Le défaut de domicile élu ne nuit qu'à l'inscrivant ; il dispense le tiers acquéreur, au moment de la purge, le créancier poursuivant, lors de la distribution des deniers, des notifications et sommations prescrites par la loi. Leur situation est améliorée au lieu d'être aggravée.

Section VI

Effets de l'inscription. — Péremption.

§ 1. — *Effets de l'inscription.*

L'hypothèque n'est opposable aux tiers que du jour où elle a été portée à leur connaissance. Sans doute, le droit réel existe avant ce moment, mais seulement à l'état latent ; l'inscription le complète, permet au créancier de s'en prévaloir ; en un mot, elle le vivifie.

Elle lui assure aussi un rang. Entre les créanciers hypothécaires, la préférence se détermine par la date de l'inscription.

Les hypothèques inscrites le même jour viennent en concurrence, nonobstant la différence des heures auxquelles la formalité a été accomplie. L'article 9 qui a emprunté cette disposition au Code civil, s'écarte de la pratique anglaise où la priorité se règle non-seulement par la date, mais encore par l'heure de l'inscription. Plusieurs chambres de commerce, celles de Marseille et du Hâvre en particulier, avaient demandé qu'on suivît cette pratique tout à fait appropriée aux matières commerciales où les négociations sont très nombreuses et conclues rapidement. Au surplus, la mention de l'heure n'était pas chose inconnue dans les contrats maritimes ; l'article 332 du Code de commerce, relatif à la rédaction des polices d'assurance, veut qu'on indique si le contrat est passé avant ou après-midi ; cette indication a pour but de régler une question de préférence entre plusieurs polices faites sur le même risque ; les dernières sont ristournées.

Ces considérations ne l'ont pas emporté, aux yeux du législateur, sur les dangers qui pouvaient résulter de la mention de l'heure dans l'inscription ; il a maintenu la règle de l'article 2147 du Code civil. « L'heure à laquelle « la réquisition est faite, disait à ce sujet, M. le rapporteur, est difficile à constater et ce serait faire une trop « large part à l'arbitraire que de donner au receveur le « droit d'assigner des rangs inégaux aux hypothèques ins-

« crites dans la même journée, en marquant la différence
« des heures d'inscription. »

L'article 13 décide que l'inscription garantit, au même rang que le capital, deux années d'intérêts en sus de l'année courante.

Logiquement, elle devrait garantir tous les intérêts, mais on ne pouvait l'admettre sans porter une grave atteinte au principe de la publicité qui est la base essentielle d'un bon régime hypothécaire. Il importe, en effet, que les tiers sachent non-seulement qu'une hypothèque existe, mais encore quel est le chiffre exact de la somme garantie ; cette appréciation eût été impossible si on avait placé, au même rang que le capital, tous les intérêts, parce que leur accumulation forme une somme dont l'importance dépend uniquement du temps qui s'écoulera jusqu'au jour du règlement définitif.

Les deux années d'intérêts dont parle l'article 13, ne doivent pas s'entendre seulement de celles qui suivent immédiatement l'inscription de telle sorte que le créancier qui aurait touché les arrérages qui y correspondent, ne pourrait plus se faire colloquer que pour l'année courante. Ce sont deux années quelconques au gré du créancier ; la loi ne distingue pas et nous ne devons pas donner un sens limité à une disposition indéfinie.

L'année courante comprend le temps qui s'est écoulé depuis la dernière échéance d'intérêts jusqu'au jour où l'inscription a produit tout son effet légal par suite soit du jugement d'adjudication, en cas de saisie, soit des notifications faites par l'acquéreur et acceptées par les créanciers, en cas de vente volontaire.

L'article 13 ne reproduit pas la disposition finale de l'article 291 du Code civil qui donne au créancier le droit de prendre des inscriptions particulières portant hypothèque à compter de leur date, pour les arrérages autres que ceux conservés par la première inscription. Il n'est pas douteux cependant que la même règle doive s'appliquer à l'hypothèque maritime.

§ 2. — *De la péremption.*

Aux termes de l'article 11, l'inscription conserve l''hypothèque seulement pendant trois ans à compter du jour de sa date ; son effet cesse si elle n'a été renouvelée, avant l'expiration de ce délai, sur le registre tenu en douane avec mention du renouvellement sur l'acte de francisation.

Il semble peu raisonnable, *a priori*, d'exiger que des formalités régulièrement remplies soient renouvelées, mais la péremption présente des avantages pratiques qui l'ont fait prévaloir. Elle permet au débiteur qui a payé sa dette, de s'épargner des frais de main-levée et de radiation ; elle facilite singulièrement les fonctions des receveurs. Si l'inscription conservait indéfiniment son efficacité, la délivrance des certificats exigerait, au bout d'un certain temps, des recherches très longues qui auraient pour conséquence d'accroître les causes d'erreur.

Le délai après lequel la péremption est accomplie, est

de dix ans en matière ordinaire. La loi de 1874 l'a ramené à trois ans. Cette abréviation du délai est motivée par la nature plus périssable du gage et par le caractère des opérations maritimes qui comportent rarement des prêts à longue échéance.

Le projet de loi de MM. Jules Godin et Peulevey, faisant droit aux réclamations de plusieurs chambres de commerce, le porte à cinq ans. Ils allèguent que certains navires se livrant à l'intercourse, restent parfois éloignés de leur port d'attache pendant plus de trois ans, de sorte que la mention du renouvellement ne peut être faite sur l'acte de francisation que longtemps après qu'on y a pourvu sur les registres de la douane. Ces registres et l'acte de francisation ne sont plus d'accord.

Cette considération ne nous paraît pas décisive. Le défaut de concordance signalé n'est pas de nature à tromper les tiers qui consultent l'acte de nationalité parce qu'ils doivent présumer la vigilance des créanciers plutôt que leur négligence. D'autre part, le maintien du délai actuel présente de grands avantages ; il est très rare, en effet, que les créanciers tardent plus de trois ans à demander leur règlement.

Le projet de M. Lecesne supprime la péremption ; l'hypothèque serait indélébile jusqu'au remboursement de la dette. L'objectif de la loi, dit, en substance, dans son rapport l'honorable député, est de convier le capital à utiliser le nouveau mode de placement. Or, si les emprunteurs ne doivent jamais manquer, il n'en sera pas de même des prêteurs et tout doit tendre à multiplier leurs garanties, à amoindrir leurs embarras et surtout à ne jamais les exposer à la déchéance. Avec le système actuel, l'oubli d'une formalité en temps utile sera souvent, pour eux, l'occasion d'un dommage irrémédiable. Les capitalistes ne voudront pas s'exposer à ce danger et refuseront leur concours aux armateurs. En matière immobilière, la péremption s'impose parce que la durée du gage n'est pas limitée, mais les conditions d'existence du navire sont tout autres ; il dure à peine vingt ans et on n'a pas à craindre le maintien indéfini d'inscriptions inutiles.

Ces arguments ont leur valeur ; ils ne suffisent pas pour justifier la réforme demandée. La péremption offre des avantages qui compensent largement ses inconvénients. Qu'exige-t-elle des créanciers? Un peu de vigilance ; il n'y a pas là de quoi les effrayer et encore l'hypothèque aura, le plus souvent, produit tous ses effets, avant que le renouvellement soit devenu nécessaire.

Dans le calcul du délai de trois ans, le jour de l'inscription n'est pas compté, mais on compte le *dies ad quem*. Ainsi une inscription prise le 1er janvier 1881, ne pourra plus être renouvelée après le 1er janvier 1884.

La formalité s'accomplit sur la présentation des bordereaux prescrits par l'article 8. Le créancier prudent doit avoir soin d'indiquer que l'inscription actuelle se réfère à une inscription antérieure.

Une mention du renouvellement est faite sur l'acte de francisation, séance tenante, lorsque le navire se trouve au port d'attache, et, dans le cas contraire, aussitôt qu'il est de retour. Mais dans cette dernière hypothèse, la loi ne dit pas à qui incombe le soin de veiller à ce que la mention soit faite. Le créancier devra donc suivre attentivement tous les moments du navire sous peine d'encourir, peut-être, une déchéance. Un pareil état de choses nuit au développement du crédit hypothécaire.

Il faudrait charger expressément le receveur des douanes de l'accomplissement de la formalité, sous peine de tous dommages-intérêts envers les tiers. L'acte de francisation lui est envoyé dans les vingt-quatre heures qui suivent l'arrivée du navire ; il le mettrait d'office à jour avant de le déposer dans ses cartons.

Ou bien, si on ne veut pas lui imposer cette responsabilité, on pourrait décider que les inscriptions de l'acte de francisation vaudront jusqu'à radiation.

Le renouvellement devient inutile lorsque l'hypothèque a produit son effet, c'est-à-dire lorsque le droit des créanciers se trouve transporté de la chose sur le prix. Ainsi, les créanciers n'ont pas à se préoccuper des inscriptions qui viendraient à péremption entre le jour de l'adjudication sur saisie et celui de la collocation.

L'adjudicataire doit payer son prix dans le délai de vingt-quatre heures ou le consigner. A défaut, le navire est remis en vente sur sa folle enchère, mais cette seconde adjudication n'entraine pas la résolution de la première ; elle a simplement pour conséquence de substituer un nouvel acquéreur au fol enchérisseur. La première adjudication marque donc toujours le moment à partir duquel le renouvellement de l'inscription n'est plus utile.

Lorsque le navire est vendu à l'amiable, les créanciers doivent veiller au renouvellement avec un soin tout particulier. La péremption leur infligerait une déchéance plus grave que par le passé ; elle ne leur laisserait même pas la ressource de requérir une inscription produisant des effets à sa date. Mais si l'acquéreur purge, ils n'ont plus à se préoccuper de la péremption à partir du jour où ils acceptent expressément ou tacitement l'offre de paiement qui leur est faite dans les notifications.

CHAPITRE III

EFFETS DE L'HYPOTHÈQUE.

L'hypothèque comporte deux droits distincts qui en font toute l'utilité : 1° un droit de préférence ; 2° un droit de suite. Nous nous en occuperons dans deux sections différentes. Une troisième section sera consacrée à l'étude des règles spéciales introduites par notre loi pour le cas de perte ou d'innavigabilité du navire.

SECTION I

Droit de préférence.

Le droit de préférence permet au créancier hypothécaire de se faire payer, à son rang, sur le prix provenant de l'aliénation du navire.

Il évite le concours, au marc le franc, avec les créanciers chirographaires et passe avant eux mais, conformément au droit commun, l'article 27 le place après les créanciers privilégiés. Enfin, entre les créanciers hypothécaires, le rang se détermine par la date des inscriptions, d'après le principe : *prior tempore, potior jure*.

Parmi les privilèges énumérés dans l'article 191 du

Code de commerce, il en est un dont le maintien aurait entraîné infailliblement l'exclusion de l'hypothèque maritime. Nous voulons parler du privilége pour les sommes prêtées à la grosse sur les corps, quille, agrès et apparaux pour radoubs, victuailles, armement et équipement avant le départ du navire. La garantie du prêteur sur hypothèque eût été illusoire si le débiteur avait pu, en contractant un emprunt à la grosse, enlever son rang à l'hypothèque précédemment constituée. L'article 29 de notre loi abroge ce privilège.

Cette suppression nécessaire inspira à M. Clapier, membre de l'Assemblée nationale, la pensée de faire attribuer à l'hypothèque le rang du privilége qu'elle venait remplacer, c'est-à-dire de la faire passer avant le privilège de l'assureur pour le montant des primes et celui du chargeur pour les dommages et intérêts qui peuvent lui être dus par suite des fautes du capitaine ou de l'équipage. L'honorable député motivait son amendement sur ce qu'on rendrait le prêt hypothécaire impossible si on faisait dépendre la sécurité du prêteur d'un évènement considérable et incertain dont il est impossible, *a priori*, d'apprécier la portée.

Nous reconnaissons que cette situation n'est pas de nature à rassurer les capitalistes ; malheureusement, le mal est sans remède. Dans tous les cas, la proposition de M. Clapier était inacceptable. Le privilège du prêt à la grosse primait, à la vérité, celui du chargeur, mais cette faveur s'expliquait par la nature même du privilège qui était restreint aux sommes nécessaires pour les besoins présents du navire en partance. L'hypothèque, au contraire, est indéfinie ; elle garantit des emprunts de toute nature, quelle que soit leur affectation. Lui accorder la même faveur, c'eût été, comme le remarque M. Grivart dans son rapport, disqualifier le navire hypothéqué vis-à-vis des navires étrangers qui font à notre marine une concurrence déjà trop ruineuse et même vis-à-vis des autres navires français. L'emprunt sur hypothèque tout en donnant à l'armateur le moyen d'armer ses bâtiments, l'aurait mis dans l'impossibilité de les utiliser.

Ce que M. Clapier disait du privilège des chargeurs, on l'a dit, avec plus de motifs encore, de l'ensemble des privilèges organisés par l'article 191 du Code de commerce. On a soutenu que leur priorité sur l'hypothèque lui enlève toute efficacité et en fait une garantie dérisoire parce que les créances qu'ils garantissent, absorbent généralement la totalité de la valeur du navire.

Cette critique de la loi de 1874 est empreinte d'une grande exagération. Pour nous en convaincre, commençons par reproduire l'énumération de l'article 191.

Aux termes de cet article modifié par notre loi, sont privilégiés :

1° Les frais de justice et autres, faits pour parvenir à la vente et à la distribution du prix ;

2° Les droits de pilotage, tonnage, cale, amarrage et bassin ou avant bassin ;

3° Les gages du gardien et frais du garde du bâtiment, depuis son entrée dans le port jusqu'à la vente ;

4° Le loyer des magasins où se trouvent déposés les agrès et les apparaux ;

5° Les frais d'entretien du bâtiment et de ses agrès et apparaux depuis son dernier voyage et son entrée dans le port ;

6° Les gages et loyers du capitaine et autres gens de l'équipage employés au dernier voyage ;

7° Les sommes prêtées au capitaine pour les besoins du bâtiment pendant le dernier voyage et le remboursement du prix des marchandises par lui vendues pour le même objet ;

8° Les sommes dues aux vendeurs, aux fournisseurs et ouvriers employés à la construction, si le navire n'a pas encore fait de voyage, et les sommes dues aux créanciers pour fournitures, travaux, main-d'œuvre, pour radoub, victuailles, armement et équipement avant le départ du navire, s'il a déjà navigué ;

9° Le montant des primes d'assurances faites sur les corps, quille, agrès, apparaux, et sur armement et équipement du navire, dues pour le dernier voyage ;

10° Les dommages-intérêts dus aux affréteurs pour le défaut de délivrance des marchandises qu'ils ont chargées ou pour remboursement des avaries souffertes par lesdites marchandises par la faute du capitaine ou de l'équipage.

La totalisation des créances indiquées dans les six premiers paragraphes ainsi que dans le neuvième, ne donnera jamais qu'une somme minime eu égard à la valeur du navire ; elle laissera toujours une grande marge pour l'exercice des droits du créancier hypothécaire. Le danger n'est donc pas là.

Le privilège des affréteurs et celui du prêteur à la grosse en cours de voyage sont plus redoutables, le dernier surtout, mais nous ne devons pas oublier qu'il s'agit là de créances très exceptionnelles. Le prêt à la grosse est si onéreux qu'on y a recours seulement en cas d'urgence ; il est généralement peu élevé. L'éventualité de ce prêt nuit certainement à l'hypothèque ; elle ne l'annihile pas.

Les privilèges énumérés dans le huitième paragraphe portent seuls une atteinte considérable aux droits du créancier hypothécaire. Mais la même objection peut être faite contre l'hypothèque ordinaire. N'est-elle pas primée, elle aussi, par le privilège du vendeur? Cette préférence n'empêche pas qu'on la considère comme une garantie sérieuse ; il doit en être de même pour l'hypothèque maritime. Nul prêteur ne sera assez mal avisé pour accepter une hypothèque avant que le prix de vente ait été payé ou le privilège purgé.

L'abrogation du privilège du prêt à la grosse avant le départ du navire entraînait la modification de l'article 233 du Code de commerce ; nous nous sommes déjà expliqué sur ce point.

C'est à la distribution du prix provenant de la vente du navire que les créanciers hypothécaires viennent exercer leur droit de préférence. Voyons comment se fait cette distribution.

Le vœu de la loi est que les créanciers se règlent à l'amiable ; on évite ainsi des frais et des lenteurs. Faute par eux de s'être accordés dans le délai de quinzaine, il est procédé, entre les créanciers privilégiés, hypothécaires et chirographaires dans les formes établies en matière de saisie (1).

Quelles sont ces formes ?

Aux termes de l'article 212 du Code de commerce, les créanciers, prévenus par la publicité dont la vente est entourée, doivent se faire connaître en formant opposition à délivrance du prix. Le délai qui leur est imparti à cet effet est de trois jours à partir de l'adjudication ; passé ce temps, l'opposition ne leur donnerait plus le droit de prendre part à la distribution.

Les créanciers qui ont eu soin de faire l'opposition conservatrice de leurs droits, sont mis en demeure de produire leurs titres par une sommation que leur adresse celui (créancier ou saisi) qui poursuit la distribution des deniers. Nous trouvons encore ici une règle rigoureuse ; l'article 213 porte que la production doit avoir lieu dans les trois jours, sous peine de forclusion.

L'article 214, relatif à la collocation, se conforme aux prescriptions de l'article 191 ; il ajoute seulement que les créanciers sont colloqués tant pour le principal que pour les intérêts.

La loi de 1874 apporte à cette procédure deux dérogations dans l'intérêt des créanciers hypothécaires. Elle décide

1. Art. 25 de notre loi.

en premier lieu, que l'inscription de l'hypothèque tiendra lieu d'opposition. C'est logique : l'inscription indique l'existence de la créance et le nom du créancier, de sorte que les considérations qui ont motivé la règle de l'article 212 du Code de commerce n'existent plus.

La seconde dérogation consiste en ce que les créanciers hypothécaires ont un mois pour produire et non pas seulement trois jours, à compter de la sommation qui leur est adressée.

A un autre point de vue, leur situation est moins bonne que celle des créanciers privilégiés ; ils ne sont colloqués, quant aux intérêts, que pour deux années en sus de l'année courante.

Section II

Droit de suite.

Depuis l'ordonnance de 1681, le droit de suite existe au profit de tous les créanciers du propriétaire du navire, mais celui qui résulte de l'hypothèque est plus durable et crée une garantie plus sérieuse.

Il fait l'objet de l'action hypothécaire. Aussi longtemps que le navire reste entre les mains du débiteur, cette action se confond avec l'action personnelle résultant de la créance ; elle n'apparait d'une façon distincte, qu'après l'aliénation du gage ; elle donne au créancier le droit d'opérer la saisie entre les mains du tiers acquéreur bien que celui-ci ne soit pas personnellement tenu au paiement de la dette.

Nous rechercherons :

1° Comment s'exerce le droit de suite.

2° Comment il s'éteint.

§ 1. — *Exercice du droit de suite.*

Le créancier ne peut exercer le droit de suite que s'il a eu soin de le conserver en s'inscrivant en temps utile, c'est-à-dire avant l'aliénation du navire.

Il doit préalablement faire sommation au tiers détenteur de payer ou de délaisser et adresser un commandement au débiteur. Après l'accomplissement de cette double formalité, il se trouve dans la nécessité légale de s'abstenir de toute poursuite pendant un délai de quinze jours afin de laisser au débiteur le temps de réunir les fonds nécessaires ; d'autre part, le tiers acquéreur réfléchira sur le parti qu'il doit prendre. Il peut, en effet :

1° Payer intégralement les créanciers hypothécaires ;

2° Ou les payer seulement jusqu'à concurrence de son prix d'acquisition ;

3° Délaisser ;

4° Purger.

Il ne saurait être question du bénéfice de discussion parce que l'hypothèque maritime est nécessairement spéciale.

Lorsqu'à l'expiration du délai de quinzaine, le tiers détenteur n'a pas pris de décision, le créancier poursuivant peut faire procéder à la saisie et la vente du navire d'après les règles et dans les formes du droit commun.

Toutefois, le droit de saisie du créancier offre ici une particularité dont nous avons à rendre compte.

En matière ordinaire, l'indivision n'apparait que comme un état transitoire et exceptionnel. La loi ne désire pas qu'elle dure longtemps ; elle autorise chacun des communistes à la faire cesser quand bon lui semble. Aux termes de l'article 815 du Code civil, « nul ne peut être contraint à rester dans l'indivision et le partage peut être « toujours provoqué nonobstant prohibition et convention « contraires. » Au contraire, lorsqu'il s'agit des navires, l'indivision peut être considérée comme le régime habituel de la propriété. L'importance des capitaux engagés, le désir de diviser les risques, l'avantage que trouve le propriétaire à intéresser le capitaine aux chances de la navigation, contribuent à la créer. Aussi la loi, loin de se montrer hostile à cette indivision, l'encourage et la protège. L'article 220 du Code de commerce décide que pour pouvoir demander la licitation du navire, il faut représenter au moins la moitié de l'intérêt total.

C'est dans le même esprit qu'est conçu l'article 18 de notre loi. Il édicte deux dispositions qui dérogent au droit commun ; l'une est relative au droit de saisie du créancier; l'autre aux effets du partage.

1° L'article 2205 du Code civil refuse aux créanciers le droit d'exercer directement leurs poursuites sur la part indivisible de leur débiteur dans un immeuble ; ils doivent, au préalable, provoquer le partage ou la licitation. Aux termes de notre loi, le créancier dont l'hypothèque ne grève qu'une portion du navire inférieure à la moitié, ne peut saisir et faire vendre que la portion qui lui est affectée.

Cette disposition est en parfaite concordance avec celle de l'article 220 du Code de commerce ; toutes deux ont pour objet d'empêcher que l'intérêt général de la navigation soit compromis par un intérêt particulier de minime importance.

Lorsque l'hypothèque affecte plus de la moitié du navire, le créancier a des droits plus étendus. Il peut, après saisie, le faire vendre en totalité à charge d'appeler à la vente les copropriétaires. Dans cette hypothèse, le législateur n'a pas attaché autant d'importance au maintien de l'indivision préexistante parce que l'acquéreur devant entrer en société avec des intérêts supérieurs à ceux des autres communistes, pouvait apporter et imposer des vues nouvelles contraires à celles qu'ils poursuivaient autrefois.

2° Le partage est déclaratif et non attributif du droit, de sorte que chacun des copartageants est censé n'avoir jamais eu la propriété des effets qui ne sont pas compris dans son lot (1).

Il en résulte que les hypothèques consenties pendant l'indivision par l'un des communistes, disparaissent si le bien grevé d'hypothèque est attribué à un quelconque des autres copartageants. Cette règle est très sage ; elle empêche

1. Art. 883, 1475, 1872, du C. civil.

les recours entre copartageants et les rend indépendants les uns des autres en ce qui concerne les actes qu'ils ont accomplis au cours de l'indivision. Il est vrai que les tiers peuvent en souffrir mais, nous l'avons dit, l'indivision n'est pas de longue durée ; on a accepté un petit mal pour un grand bien.

Mais ce principe ne pouvait s'appliquer à la propriété maritime sous peine d'enlever à l'institution qu'on voulait créer toute son utilité. L'hypothèque ne portera guère en effet que sur des parts de propriété. Aussi l'article 18 décide-t-il que le créancier hypothécaire conserve son droit quel que soit l'évènement du partage, en quelques mains que le navire vienne à tomber.

Toutefois, s'il s'agit d'une copropriété résultant d'une succession ou de la dissolution d'une communauté, le droit commun reprend son empire. L'exclusion du principe du partage déclaratif n'a été admise par notre loi qu'en vue du cas le plus fréquent où plusieurs personnes sont volontairement copropriétaires d'un navire; alors seulement, l'indivision peut durer et conduire à une gestion fructueuse. Lorsqu'elle se réalise par suite de circonstances qui excluent tout accord préalable, même tacite, en vue d'une gestion commune, le législateur n'avait pas à en tenir compte pour la protéger et il était naturel de revenir à l'application de l'article 883. A la vérité, les recours entre copartageants étaient moins à craindre qu'en matière ordinaire où l'hypothèque peut être légale ou judiciaire aussi bien que conventionnelle, mais si le danger était moindre, il existait cependant. De plus, l'inapplicabilité de l'article 883 aurait pu compromettre l'égalité du partage entre les enfants ainsi que M. Sebert l'a fait remarquer au cours de la discussion.

Supposons, en effet, que la fortune du père, au moment de son décès, consiste uniquement dans la propriété d'un navire, et qu'il laisse deux enfants dont l'un a déjà reçu, à titre d'avancement d'hoirie, autant ou plus qu'il ne lui revient dans la succession. Le navire doit être attribué à l'autre enfant. Mais le premier s'est empressé d'hypothéquer la moitié du navire indivis. Si on laissait subsister cette hypothèque malgré l'évènement du partage, il ne resterait à l'enfant qui n'a rien reçu, que la moitié du navire pour tout émolument, et même moins car il faut tenir compte des dettes qui grèvent la succession.

La réserve consacrée par l'article 18 en faveur du principe du partage déclaratif n'est pas assez large ; elle aurait dû comprendre non-seulement les cas où l'indivision résulte d'une succession ou de la dissolution d'une communauté mais tous ceux où elle se produit à raison d'un fait étranger à la volonté des copropriétaires ; nous pouvons citer, à titre d'exemple, la dissolution d'une société commerciale.

L'exercice du droit de suite est utile et possible lorsque le navire est vendu en France. Si la vente du navire a eu lieu hors de France et au profit d'un étranger, les créanciers hypothécaires se trouvent désarmés.

Il faut supposer pour cela, une fraude du débiteur et,

à ce titre, l'hypothèse que nous signalons sera exceptionnelle ; elle constitue cependant une éventualité redoutable qui porte une sérieuse atteinte à l'efficacité de l'hypothèque maritime comme moyen de crédit.

§ 2. — *Extinction du droit de suite. Procédure de purge.*

Le tiers acquéreur d'un navire hypothéqué se trouve sous une menace perpétuelle d'éviction qui entrave son administration. Il n'ose pas dépenser les sommes nécessaires à sa mise en état et à son armement aussi longtemps qu'il est exposé à le voir passer en d'autres mains sur la poursuite des créanciers hypothécaires.

Il fallait lui donner un moyen de se mettre à couvert, de consolider ses titres de propriété.

La purge a été imaginée à cet effet ; elle lui permet de mettre les créanciers hypothécaires en demeure d'exercer sans délai leur droit de suite ou d'y renoncer.

C'est là une atteinte portée à la situation des créanciers ; ils subissent une sorte d'expropriation mais on n'a pas reculé devant cet inconvénient parce que la purge est utile pour faciliter la circulation des biens. Elle est même légitime dans une certaine mesure ; les créanciers n'ont jamais pu compter sur une somme supérieure à la valeur du navire et on leur offre le paiement du prix pour lequel il a été vendu. S'ils ne veulent pas s'en contenter, la loi leur permet de requérir une mise aux enchères.

Avant d'entrer dans l'étude de cette procédure qui aboutit à l'extinction du droit de suite, nous devons remarquer que le tiers acquéreur n'aura pas toujours besoin d'y recourir.

Lorsque le navire hypothéqué ou la portion du navire hypothéquée ont été vendus en justice dans les formes prescrites par les articles 201 et 202 du Code de commerce, l'adjudicataire n'a rien à craindre ; le droit de suite a disparu. Son maintien et l'exercice de l'action à laquelle il donnerait lieu, n'auraient abouti, en effet, qu'à de nouvelles enchères présentant plus d'inconvénients que d'avantages. La publicité qui a entouré la première vente donne lieu de croire que le navire a atteint son plus haut prix ; elle a mis les créanciers eux-mêmes en mesure et, par suite, en demeure d'intervenir pour la sauvegarde de leurs droits.

Telle est la disposition de l'article 24 de notre loi et nous en trouvons une application dans l'article 18, § 4.

Il nous reste à en déterminer la portée.

La vente en justice d'un immeuble hypothéqué produit l'effet de la purge lorsqu'elle a lieu à la suite d'une saisie (1), mais on a soin d'avertir les créanciers de l'adjudication qui se prépare, au moyen de notifications spéciales. En dehors du cas de saisie, lorsque la vente se fait en justice soit parce que l'immeuble appartient à un mineur, soit parce qu'il dépend d'une succession acceptée sous bénéfice

1. Art. 717 du C. de procédure civile.

d'inventaire, les créanciers ne reçoivent aucun avertissement et l'adjudication laisse leurs droits intacts.

Plusieurs membres de la commission chargés d'examiner le projet de loi sur l'hypothèque maritime, demandèrent qu'en cas de saisie du navire, une notification spéciale de la poursuite fût adressée aux créanciers ayant une hypothèque inscrite. La commission repoussa cet emprunt aux règles du Code de procédure civile en alléguant qu'il entraînerait des frais et des retards inutiles parce que la grande publicité de la vente judiciaire est suffisante pour prévenir les intéressés.

Il n'y a, dès lors, aucune raison de distinguer, au point de vue de l'extinction du droit de suite, entre les divers cas où la vente du navire se fait en justice ; l'adjudication l'anéantit toujours. La disposition de l'article 24 est très générale.

Lorsque l'aliénation ne produit pas l'effet de la purge, le tiers acquéreur peut y recourir spontanément et à quelque époque que ce soit, ou bien sur la poursuite des créanciers hypothécaires ; la loi ne lui donne alors pour entamer la procédure, qu'un délai de quinzaine à compter de la sommation qui lui a été faite.

Cette procédure comporte deux phases distinctes : la première est consacrée aux formalités que doit accomplir le tiers détenteur ; notamment il offre aux créanciers le montant du prix pour lequel le navire a été vendu ; s'ils l'acceptent, les choses en restent là et le paiement éteint le droit du suite. Dans le cas contraire, ils ont à prendre certaines mesures pour requérir la mise aux enchères de leur gage ; c'est la seconde phase.

Formalités à remplir par le tiers acquéreur qui veut purger. — Il doit, avant tout, faire procéder à la mutation en douane. La loi de 1874 ne l'exige pas mais les principes généraux du droit nous permettent de suppléer à son silence. La transcription du contrat translatif de propriété est le point de départ nécessaire de la purge de l'hypothèque ordinaire (1) et la jurisprudence assimile, quant à ses effets à l'égard des tiers, la mutation en douane à la transcription. Aussi longtemps que cette formalité n'aura pas été remplie, de nouvelles hypothèques pourront se révéler et leur survenance ferait perdre à la purge toute son utilité. En un mot, elle fixe l'état hypothécaire du navire.

L'acquéreur notifie ensuite aux créanciers inscrits sur l'acte de francisation et au domicile élu dans leurs inscriptions :

1° Un extrait de son titre indiquant seulement la date et la nature de l'acte, le nom du vendeur, le nom, l'espèce et le tonnage du navire et les charges faisant partie du prix ;

2° Un tableau sur trois colonnes dont la première contiendra la date des inscriptions ; la seconde, le nom des créanciers ; la troisième, le montant des créances inscrites.

Il déclarera par le même acte qu'il est prêt à acquitter, sur le champ, les dettes hypothécaires jusqu'à concurrence

1. Art. 2181 C. civil.

seulement de son prix, sans distinction des dettes exigibles ou non exigibles (1).

Les notifications sont adressées à chaque créancier individuellement ; son inscription le fait connaître, mais l'article 19 ne parle que des créanciers inscrits sur l'acte de francisation. Est-ce à dire que le tiers acquéreur n'aura pas à consulter les registres de la douane ? Nullement ; là seulement, il trouvera l'indication du domicile élu. D'ailleurs, le rapprochement du certificat délivré par le receveur des douanes et de l'acte de francisation lui permet seul de se rendre un compte exact de l'état hypothécaire du navire. L'acte de francisation ne porte pas trace des renouvellements d'inscription ou des radiations qui ont pu être effectués depuis le départ du navire.

L'article 19 est incomplet ; il ne prescrit que la mention des charges, sans exiger celle du prix. Cette omission est implicitement réparée par l'article suivant, mais, à défaut, la moindre réflexion suffit pour montrer que l'indication du prix est indispensable. Autrement, les créanciers ne sauraient quel parti prendre. Le prix est-il oui ou non en rapport avec la valeur réelle du navire ? Tout est pour eux dans cette question et il faut les mettre à même de la résoudre.

Le tableau en trois colonnes, notifié par l'aquéreur, a une grande importance. Il permet à chaque créancier de voir s'il vient en ordre utile, s'il a ou non intérêt à suren-

1. Art. 19, § 2 et 3 ; et 20 de notre loi.

chérir. L'article 2183 du Code civil exige que la première colonne mentionne non-seulement la date des inscriptions, mais encore celle des hypothèques. Cette dernière indication n'est pas exigée par notre loi; elle a cependant son importance en ce qu'elle met les créanciers à même de savoir quelle est la valeur des hypothèques qui leur sont opposées.

Formalités à suivre par les créanciers qui veulent requérir la mise aux enchères du navire. — Voici comment s'expriment à ce sujet, les articles 21 et 22.

« Tout créancier peut requérir la mise aux enchères du « navire ou portion du navire, en offrant de porter le prix « à un dixième en sus et de donner caution pour le paie- « ment du prix et des charges.

« Cette réquisition signée du créancier, doit être signi- « fiée à l'acquéreur dans les dix jours des notifications. « Elle contiendra assignation devant le tribunal civil du « lieu où se trouve le navire, ou, s'il est en cours de vo- « yage, du lieu où il est immatriculé, pour voir ordonner « qu'il sera procédé aux enchères publiques. »

Le droit pour les créanciers de requérir la mise aux enchères du navire est le correctif nécessaire de la faculté de purger accordée au tiers acquéreur. Elle leur permet de donner au navire sa valeur réelle et d'éviter ainsi les dangers qui résulteraient, pour eux, soit d'une vente à vil prix, soit d'une simulation franduleuse dans le prix réel.

D'autre part, la loi veille à ce qu'ils ne puissent faire de ce droit un usage abusif. Trop souvent, le créancier qui ne viendrait pas en ordre utile sur le prix, céderait à des espérances chimériques et se laisserait entraîner à l'aventure d'une surenchère. Pour l'empêcher de porter une main téméraire sur le contrat primitivement formé, l'article 22 subordonne l'exercice de son droit à deux conditions qui ont pour objet de le limiter aux cas où il est légitime.

De ces deux conditions empruntées au droit commun, la première devait être et a été admise sans difficulté. Si le créancier pense vraiment que le prix de la vente amiable ne représente pas la valeur réelle du navire, l'obligation de le porter à un dixième en sus ne l'arrêtera pas.

La seconde consiste dans l'obligation de fournir caution; elle a donné lieu à de vifs débats. On a fait valoir, pour en justifier l'opportunité, qu'elle n'était que l'application du droit commun auquel il ne faut déroger que le moins possible et que la suppression de la caution aurait le double inconvénient d'exposer le tiers détenteur à être dépossédé à la légère et d'ouvrir la porte aux abus qu'un créancier insolvable pourrait faire de son droit.

Ces raisons n'étaient pas décisives; il aurait fallu se préoccuper un peu moins du tiers détenteur et un peu plus des créanciers. Le Code civil admet la surenchère du dixième même après une vente en justice, sauf le cas de saisie, bien que les formalités et la publicité qui entourent cette vente fassent présumer que le prix est en rapport avec la valeur de la chose : ainsi s'explique, dans une certaine mesure, qu'il l'ait rendue plus difficile. Ce motif n'existait pas en matière d'hypothèque maritime où la purge n'intervient qu'après une vente amiable n'offrant aucune garantie aux créanciers et n'ayant même, peut-être, eu d'autre but que de les frustrer. Il aurait fallu leur faciliter les moyens de se défendre en supprimant l'obligation du cautionnement. Cette mesure s'imposait d'autant plus que la caution, de tout temps extrêmement lourde pour les créanciers ainsi que l'expérience l'a démontré, devient une charge exorbitante lorsqu'il s'agit des navires dont la valeur est généralement très supérieure à celle des immeubles.

Nous ne contestons pas cependant que l'intervention de la caution ait quelque utilité; elle protège les créanciers contre les entraînements irréfléchis; mais l'obligation qui leur est imposée de faire porter le prix à un dixième en sus, ne donne-t-elle pas déjà une garantie efficace? Sur trois surenchères admises dans notre droit, il y en a deux dispensées du cautionnement : celle de l'article 708 du Code de procédure en matière de saisie immobilière et celle de l'article 573 du Code de commerce en matière de faillite. Dans ces deux cas, le législateur a tenu pour suffisante l'obligation personnelle contractée par le surenchérisseur ; l'intérêt du crédit maritime exigeait qu'on accordât la même faveur à la surenchère de l'article 21.

L'abus qu'un créancier insolvable aurait pu faire de son droit, ne constituait pas un grand danger. Si son insolvabilité avait été complète, il y a lieu de penser qu'aucun avoué n'aurait consenti à lui prêter son ministère ; en cas d'insolvabilité seulement relative, le défaut de paiement du prix de l'adjudication eût entraîné une folle enchère ne laissant à sa charge que le paiement d'une différence aisément couverte par sa créance hypothécaire et par ses biens personnels.

En résumé, les rédacteurs de la loi ont maintenu la caution afin d'éviter les surenchères irréfléchies ; malheureusement, étant donné la valeur considérable des navires, leur but a été dépassé ; ils laissent les créanciers exposés à des fraudes qu'ils ne pourront souvent déjouer faute de trouver une caution.

Ajoutons que depuis longtemps, la jurisprudence a su rendre un peu moins mauvaise la situation du surenchérisseur. Elle considère que la caution intervient non pas précisément pour assurer le paiement du prix, mais accessoirement à l'obligation de le faire porter à un dixième en sus de celui qui est indiqué dans les notifications. Il en résulte qu'elle est déchargée aussitôt que la surenchère a été couverte. Aux termes de l'article 705 du Code de procédure, l'enchérisseur cesse d'être obligé si son enchère est couverte par une autre, lors même que cette dernière est plus tard annulée ; l'extinction de l'obligation principale entraine celle de l'obligation accessoire. La caution n'a plus rien à craindre, quoi qu'il arrive, alors même que le surenchérisseur resterait, en fin de compte, adjudicataire, après plusieurs offres successives (1).

La loi donne au créancier dix jours à partir des notifications, pour signifier au tiers détenteur sa réquisition de

1. Cass. 2 août 1870 (D. 1870, 1, 344). Paris, 5 décembre 1855 (D. 1856, 2, 2).

mise aux enchères. Elle abrége ainsi considérablement le délai de droit commun qui est de quarante jours.

Cette disposition a été critiquée. Le créancier, saisi des notifications, a d'abord à vérifier l'état du navire afin de savoir si le prix de vente correspond ou non à sa valeur réelle ; s'il se décide à surenchérir, il faut qu'il trouve une caution. Dix jours lui suffiront-ils pour arrêter sa résolution et se mettre en mesure de l'exécuter? Nous ne le pensons pas.

L'insuffisance de ce délai devient encore plus manifeste si on suppose que le créancier est absent de chez lui au moment des notifications ou bien est décédé et a laissé des enfants mineurs non encore pourvus d'un tuteur.

Ces observations ont été présentées, au cours de la discussion, par M. Sebert qui demandait un délai de trente jours. On objecta que les affaires commerciales requièrent célérité et l'Assemblée nationale n'accueillit pas son amendement. C'était faire trop peu de cas des intérêts des créanciers et méconnaître le but qu'on se proposait en organisant l'hypothèque maritime. Pour attirer les capitaux, on devait créer aux prêteurs une situation exempte de dangers. Or, la brièveté du délai qui leur est imparti pour faire valoir leurs droits, les expose à perdre leurs créances.

L'article 2185 du Code civil après avoir énuméré les conditions à remplir par le créancier surenchérisseur, ajoute qu'elle sont prescrites sous peine de nullité. Les articles 21 et 22 de notre loi ne reproduisent pas cette sanction mais elle doit être maintenue.

Dès qu'une surenchère intervient, le bénéfice en est acquis à tous les créanciers ; le désistement du requérant n'est possible que de leur consentement, même s'il propose de payer le montant de sa soumission (1).

La réquisition de mise aux enchères, régulièrement faite, conduit à la vente du navire. Cette vente a lieu généralement sur la poursuite du créancier, mais, s'il se montre négligent, le tiers détenteur peut prendre l'initiative afin d'amener une prompte solution qui lui importe à un double point de vue. L'adjudication lui permettra, en effet, d'utiliser le navire si elle confirme son droit de propriété ; dans le cas contraire, elle le déchargera de la responsabilité des risques qui jusque là pèse sur lui.

L'article 23 renvoie, pour les formes à suivre, aux articles 201 et suivants du Code de commerce.

Il est fait, de huitaine en huitaine, à la Bourse et dans la principale place publique du lieu où le navire est amarré, trois criées ou publications successives. L'avis en est inséré dans un journal du lieu où siège le tribunal devant lequel se poursuit la procédure et, s'il n'y en a pas, dans un journal du département.

Dans les deux jours qui suivent chaque publication, il est apposé des affiches au grand mât du bâtiment surenchéri, à la porte principale du tribunal, dans la place publique et sur le quai du port où le bâtiment est amarré, ainsi qu'à la Bourse de commerce.

1. Art. 2190 C. civil.

Les criées, publications et affiches désignent les nom, profession et demeure du créancier surenchérisseur ; les titres en vertu desquels il agit ; le montant de la somme qui lui est due ; l'élection de domicile par lui faite dans le lieu où siège le tribunal et dans le lieu où le bâtiment est amarré ; les nom et domicile du tiers détenteur ; le nom du bâtiment et s'il est armé ou en armement, celui du capitaine ; le tonnage du navire ; le lieu où il est gisant ou flottant ; le nom de l'avoué du poursuivant ; la mise à prix résultant de la surenchère ; les jours des audiences auxquelles les surenchères seront reçues.

Après la première criée, les enchères sont reçues le jour indiqué par l'affiche. Le juge commis d'office pour la vente continue de recevoir les enchères après chaque criée, de huitaine en huitaine, au jour fixé par son ordonnance. Il peut accorder une ou deux remises à huitaine.

Ces remises donneront peut-être au débiteur qui a intérêt à empêcher que le tiers détenteur soit exproprié, le moyen de désintéresser les créanciers hypothécaires.

Enfin, après la troisième criée, l'adjudication est faite définitivement au plus offrant et dernier enchérisseur.

Cette procédure est longue, minutieuse, un peu vieillie ; elle date de l'ordonnance de 1681. Maintes fois, le commerce maritime en a demandé la réforme et la commission de 1865 l'avait préparée ; elle consacrait un titre entier à la saisie des navires. On supprimait les criées; on n'exigeait plus qu'une seule adjudication même pour les navires de plus de dix tonneaux, et on substituait la juridiction commerciale à la juridiction civile.

Nous avons vu que l'œuvre de refonte du Code maritime, interrompue en 1870, n'a pas été reprise dans son ensemble, mais l'Assemblée nationale qui lui a emprunté la loi sur l'hypothèque maritime, eût peut-être bien fait de ne pas s'en tenir là et de donner pour complément à l'institution nouvelle une organisation de la procédure de saisie plus conforme aux besoins modernes. La commission en a conçu un instant la pensée, mais sans y donner suite parce que cette réforme dépassait sa compétence.

La purge a pour effet de transporter les droits des créanciers hypothécaires du navire sur le prix et d'en amener la distribution. Nous avons indiqué précédemment les formes de cette distribution.

Question. — Nous terminons l'étude de la purge par l'examen d'une question très intéressante.

Aux termes de l'article 193 du Code de commerce, le droit de suite des créanciers privilégiés ou chirographaires n'est éteint, indépendamment des modes généraux d'extinction des obligations, que par la vente en justice du navire ou par un voyage en mer.

Supposons maintenant qu'après la vente amiable du navire, l'acquéreur poursuivi par les créanciers hypothécaires ait retardé le départ et leur ait adressé des notifications à fin de purge; son prix est accepté; peut-il encore être recherché par les créanciers privilégiés ou chirographaires?

L'application textuelle de l'article 193 conduirait à l'affirmative, mais cette solution est inacceptable parce qu'elle serait injuste. Le tiers détenteur n'a à se reprocher ni négligence, ni imprudence ; la poursuite des créanciers hypothécaires lui a créé une situation dont il n'était pas maître. En purgeant, il a strictement exercé son droit; en payant son prix d'acquisition, il n'a fait qu'exécuter une obligation. Il doit être désormais complètement à couvert.

Dans cette hypothèse, l'article 193 du Code de commerce est implicitement abrogé par la loi de 1874.

Les créanciers privilégiés ou chirographaires n'ont pas à se féliciter de cet effet un peu inattendu de la procédure de purge. Ils sont exposés à perdre leurs droits sans que rien leur révèle le danger, mais tel est un peu le sort commun de tous ceux dont la garantie repose sur des meubles.

S'ils sont prévenus avant que le prix ait été distribué, on les admettra toujours à former opposition pour se faire colloquer. Le délai imparti par l'article 213 du Code de commerce n'aurait plus ici aucune raison d'être et manquerait, d'ailleurs, de point de départ.

Section III

Effets de l'hypothèque en cas de perte ou d'innavigabilité du navire.

Jusqu'à présent, nous avons supposé que le navire a échappé aux nombreux dangers qui, chaque jour, menacent son existence. Trop souvent, il en sera autrement ; le gage des créanciers hypothécaires disparaitra-t-il avec lui ?

L'article 17 répond à cette question et pose les trois règles suivantes :

1° En cas de perte ou d'innavigabilité du navire, les droits des créanciers s'exercent sur les choses sauvées ou sur leur produit alors même que les créances ne seraient pas encore échues.

2° Leurs droits s'exercent également, dans l'ordre des inscriptions, sur le produit des assurances qui auraient été faites par l'emprunteur sur le navire hypothéqué. Dans ce cas, l'inscription de l'hypothèque vaut opposition au paiement de l'indemnité d'assurance.

3° Les créanciers inscrits ou leurs cessionnaires peuvent, de leur côté, faire assurer le navire pour la garantie de leurs créances. Les assureurs avec lesquels ils ont contracté l'assurance, sont, lors du remboursement, subrogés à leurs droits contre le débiteur.

De ces trois règles, la seconde doit appeler plus particulièrement notre attention non-seulement parce qu'elle réalise une innovation importante, mais encore et surtout parce qu'elle a été l'objet de vives critiques.

Le navire, exposé à des risques nombreux, n'offre à la confiance des prêteurs qu'un gage bien fragile. Frappé de cet état de choses et voulant y porter remède, le législateur de 1874 a associé le contrat d'assurance à l'hypothèque ; il a décidé que les créanciers hypothécaires seraient, au cas de perte ou d'innavigabilité du navire, subrogés aux droits du propriétaire contre l'assureur. C'est entre leurs mains que l'assureur doit payer et ils se règlent entre eux comme si le montant de l'assurance représentait le prix de vente du navire.

Déjà, en matière civile, il était d'usage que le prêteur sur hypothèque contraignît l'emprunteur à contracter une assurance et se fît céder son droit éventuel au paiement de l'indemnité. Cette clause fût devenue de style en matière maritime ; on a pensé qu'il était bon d'en dispenser les parties et d'attacher la subrogation comme effet de droit, au contrat d'hypothèque.

Ce système présente, a-t-on dit, un double avantage : il dispense le créancier des notifications qu'il aurait dû faire à l'assureur si la subrogation n'avait pu être que conventionnelle (1) et lui procure ainsi une notable économie parce que les risques considérables que font courir les navires sont généralement divisés entre un grand nombre de compagnies. Il permet au débiteur de conserver la police, ce qui lui facilite la conclusion d'un emprunt ultérieur.

M. Grivart indique dans son rapport ces deux avantages de la subrogation : il ajoute qu'elle ne peut produire que d'heureux effets sans nuire à personne. D'après lui, les compagnies d'assurances seules seraient fondées à se plaindre de l'obligation de mettre en cause, à chaque réglement d'avaries, les créanciers inscrits, mais la loi leur a donné d'avance satisfaction en restreignant la subrogation aux seuls

1. Art. 1690 C. civil.

cas de perte et d'innavigabilité. Cette restriction s'imposait encore à un autre point de vue ; il importe de laisser à l'armateur la libre disposition de l'indemnité qui lui est versée après le réglement d'avaries afin de lui permettre de réparer son navire.

Cependant, peu de dispositions ont soulevé autant de critiques. Des jurisconsultes autorisés, des hommes versés dans la pratique des affaires ont déclaré qu'en votant l'article 17, l'assemblée avait condamné à l'impuissance la loi de 1874 (1).

Résumons leurs arguments.

En envisageant la situation des créanciers, on a d'abord contesté que la subrogation légale fût pour eux de quelque utilité. Elle n'est admise qu'en cas de perte ou d'innavigabilité et ne se réalise pas en cas d'avaries. Or, même après un sinistre majeur, l'assuré a toujours le droit de demander un réglement d'avaries ; le délaissement n'est pour lui qu'une faculté dont il peut user ou ne pas user à son gré. Quel parti prendra-t-il ? Sans doute, le plus avantageux c'est-à-dire le premier qui lui laissera la disposition de l'indemnité. La subrogation ne sortira donc jamais ou presque jamais à effet.

Mais ce n'est pas tout, elle fait courir un danger aux créanciers. Elle est de nature à leur inspirer une fausse confiance qui les met complètement à la discrétion de l'emprunteur. Celui-ci, ayant conservé la police, a la charge de

1. Voir notamment. J. Bédarride, *Commentaire sur la loi du 10 décembre 1874*.

l'entretenir ; sa négligence dans le paiement des primes, ses réticences dans les déclarations faites aux assureurs peuvent entraîner la nullité de l'assurance. Qu'un sinistre intervienne alors ; il en résulte une perte irrémédiable pour les créanciers qui, se croyant bien sauvegardés, n'ont pas pris personnellement les mesures propres à assurer la conservation de leurs droits.

De ces deux critiques, la seconde est sérieuse ; on peut seulement lui reprocher de supposer chez les prêteurs une trop grande négligence. La première est sans portée. L'article 17 subordonne le bénéfice de la subrogation non pas au parti que prendra l'assuré en cas de perte ou d'innavigabilité du navire, mais à ces deux faits mêmes. Il suffit de le lire pour s'en rendre compte. Comment le législateur aurait-il été assez mal avisé pour subordonner le sort des créanciers aux calculs égoïstes de leur débiteur ?

De leur côté les compagnies d'assurances ont très mal accueilli la disposition de l'article 17 qui fait produire à l'inscription les effets d'une opposition au paiement de l'indemnité. Elles ont cru devoir prendre immédiatement des mesures pour sauvegarder leurs intérêts menacés, en inscrivant dans leurs polices sur corps les clauses suivantes :

« La condition de validité de la présente police est que « le navire ne soit grevé d'aucune hypothèque actuelle ou « éventuelle.

« Il est défendu, sous peine de nullité de la présente « police, pour les risques restant à courir, de faire, pendant

« la durée des risques, aucun emprunt hypothécaire, sans « le consentement des assureurs. »

C'était mettre l'hypothèque maritime en interdit. Comment justifiait-on une mesure aussi grave ?

M. Billette, directeur d'une grande compagnie d'assurances maritimes et auteur d'un traité sur la loi du 10 décembre 1874, va nous le dire. L'assureur est exposé à payer deux fois. Prenons un exemple. Un navire assuré et grevé d'hypothèques vient à périr ; le propriétaire notifie son intention de délaisser et à l'appui de sa demande en paiement de l'indemnité, présente un certificat du receveur des douanes constatant qu'il n'existe pas d'inscriptions. L'assureur s'exécute mais entre le jour de la délivrance du certificat et celui du paiement il est advenu qu'un créancier hypothécaire dont l'inscription était périmée au moment où les registres ont été consultés, en a requis une nouvelle. Il s'adresse à la compagnie d'assurances et lui tient ce raisonnement décisif : « L'inscription de l'hypothèque vaut opposition au paiement de l'indemnité ; or, « la mienne était inscrite lorsque vous avez versé les fonds « à l'armateur ; vous avez payé indûment et il faut de « nouveau vous exécuter. »

Les craintes des assureurs nous paraissent un peu chimériques. Une précaution bien simple les mettrait à couvert ; ce serait d'exiger la délivrance d'un certificat négatif au moment du paiement. On peut même se demander si l'hypothèse qu'ils ont construite pour expliquer leurs défiances, est de nature à se réaliser. La perte du navire doit clore le cours des inscriptions ; celles qui seraient prises ultérieurement ne produiraient aucun effet et ne vaudraient pas, notamment, comme opposition au paiement de l'indemnité.

En admettant que cette solution soulève des difficultés, par exemple en cas de perte par absence de nouvelles, on a proposé un moyen de les écarter. Il consisterait à dresser l'acte de décès du navire, de même qu'on dresse son acte de naissance. L'armateur serait tenu de notifier aux bureaux de la douane la perte ou la condamnation de son bâtiment ; cette déclaration rendue publique ferait courir un délai à l'expiration duquel les créanciers ne pourraient plus s'inscrire. Le certificat délivré ensuite par le receveur des douanes, aurait une portée décisive et ne laisserait place à aucune éventualité fâcheuse pour les intérêts de l'assureur.

Aujourd'hui, les compagnies d'assurances sont un peu revenues de leurs premières alarmes et les clauses de la police sur corps ont été adoucies. Elles ne refusent plus d'assurer un navire hypothéqué, mais elles veulent que les hypothèques qui le grèvent au moment de la signature du contrat leur soient déclarées. Comme par le passé, aucune hypothèque ne peut être constituée, pendant la durée des risques, que de leur consentement, sous peine de nullité de l'assurance.

Ces exigences rendent plus difficile la concession d'une hypothèque, mais on peut en rendre compte sans accuser les compagnies d'hostilité patente contre la loi de 1874, bien qu'au fond cette hostilité n'ait pas cessé. L'article 348 du Code de commerce décide, en effet, que toute réticence, de la part de l'assuré, qui diminuerait l'opinion du risque, annule l'assurance. Le défaut de déclaration de l'hypothèque est considéré par les assureurs comme une réticence de cette nature, parce que la nécessité de recourir à l'hypothèque implique un manque de ressources qui pèse sur l'armement du navire, le rend défectueux et augmente les risques.

La conclusion de cette étude est que la subrogation n'a pas tous les inconvénients qu'on a voulu lui reconnaître. Il n'est pas exact de dire qu'au point de vue des assureurs, son application entraine nécessairement des difficultés presque insurmontables. Nous pensons, toutefois, qu'il eût été préférable de laisser aux parties le soin de faire les stipulations propres à sauvegarder leurs intérêts. La subrogation conventionnelle à laquelle le créancier n'aurait pas manqué de recourir, entraine, il est vrai, quelques frais de notifications, mais elle offre le double avantage de le rendre maître de l'assurance et de lui permettre d'étendre ses prévisions à tous les sinistres qui peuvent survenir.

En l'état actuel, de deux choses l'une : ou bien le prêteur se contentera de la protection que lui assure l'article 17; nous avons vu que sa sécurité pourra être trompeuse. La subrogation légale constitue alors un danger. Ou bien cette protection lui paraîtra insuffisante ; il voudra s'assurer des garanties plus précises, et alors la subrogation légale perd son utilité.

L'article 17, § 2, réserve aux créanciers le droit de faire assurer le navire pour la garantie de leurs créances.

Cette disposition est un peu obscure. A-t-on voulu permettre aux créanciers de contracter une assurance sur le navire et d'en faire supporter la prime par l'armateur pour le cas où celui-ci négligerait de prendre cette précaution? Cela se comprendrait très bien, mais tel n'est pas l'objet de notre texte. Il y est question d'une assurance qui coexisterait avec celle déjà contractée par le débiteur ; or, l'existence simultanée de deux assurances sur le même navire, lorsque la première en couvre déjà la valeur, est impossible. L'article 359 du Code de commerce décide que la seconde est ristournée.

Il s'agit, en réalité, du droit pour le créancier de faire assurer non pas le navire, mais sa créance hypothécaire ou plutôt l'hypothèque même. A défaut de texte spécial, on aurait pu le lui contester parce que sa créance n'est pas en risques ; elle continue d'exister quoi qu'il advienne. Son gage n'est pas restreint au navire ; il comprend tous les biens du débiteur.

Le créancier ne cumulera pas le bénéfice de sa propre assurance et de la subrogation légale à l'assurance du débiteur ; après remboursement, ses assureurs personnels seront fondés à exercer tous ses droits contre celui-ci.

Cette assurance spéciale sera rarement contractée par le créancier, parce que le paiement de la prime diminuerait d'une façon très sensible l'intérêt de 6 % qui est la rémunération du prêt.

CHAPITRE IV

EXTINCTION DE L'HYPOTHÈQUE MARITIME. RADIATION DE L'INSCRIPTION

Ces deux matières ont une connexité évidente. La radiation sert à constater sur les registres de la douane que l'hypothèque a cessé d'exister. Elle constitue, s'il est permis de s'exprimer ainsi, son acte de décès.

SECTION I

Extinction de l'hypothèque.

Les causes d'extinction de l'hypothèque maritime comme de tout droit accessoire, sont de deux sortes en ce sens qu'elles opèrent de deux manières différentes, tantôt par voie de conséquence, tantôt directement.

L'hypothèque disparaît toutes les fois que la créance à laquelle elle est attachée cesse d'exister. Ceci s'applique :

1° Au paiement, s'il est intégral et en réservant le cas où il y aurait subrogation aux termes des articles 1250 et 1251 du Code civil ;

2° A la remise de la dette ;

3° A la novation ;

4° A la compensation sauf la réserve indiquée par l'article 1299 du Code civil;

5° A la prescription.

L'hypothèque s'éteint directement pour des causes nombreuses dont l'article 2180 ne donne qu'une énumération incomplète :

1° Le défaut d'inscription en temps utile, ou le défaut de renouvellement après qu'il s'est produit un des faits qui arrêtent le cours des inscriptions;

2° La consolidation, à moins que, plus tard, la cause juridique qui l'a produite, ne soit résolue;

3° La renonciation du créancier à l'hypothèque;

4° La perte du navire sous réserve de la disposition de l'article 17 de notre loi portant que les droits des créanciers s'exercent, dans l'ordre des inscriptions, sur le produit des assurances contractées par le débiteur.

La perte du navire, telle que nous l'entendons ici, résulte non-seulement de sa destruction matérielle, mais de la prise par l'ennemi et de la confiscation. La charte de 1714 a aboli cette dernière pénalité en tant qu'elle s'appliquait, d'une façon générale, aux biens d'un condamné, mais les objets qui ont servi à commettre un crime ou un délit peuvent encore être confisqués. Les lois du 27 vendémiaire, article 5; 15 avril 1818, article 1er; 4 mars 1831, article 5; autorisent la confiscation des navires qui voyagent sans congé ou qui servent à la traite des nègres, ou bien au transport des marchandises prohibées.

5° *La prescription.* — Elle ne devient une cause spéciale d'extinction de l'hypothèque que du jour où le navire cesse d'appartenir au débiteur.

Nous avons à en déterminer les conditions.

La question de savoir si les navires peuvent s'acquérir par prescription donne lieu à des difficultés. Il est certain, d'abord, que la règle : en fait de meubles, possession vaut titre, ne leur est pas applicable.

D'autre part, leur prescriptibilité paraît résulter de l'article 430 du Code de commerce qui décide que le capitaine ne peut invoquer une possession, quelque longue qu'elle soit, pour se dire propriétaire. Mais quelle prescription faut-il admettre ? On s'accorde à reconnaître que la seule qui soit applicable aux navires est celle qui s'accomplit par trente années de possession.

Nous devons nous montrer plus large lorsqu'il s'agit de l'hypothèque maritime. Nous l'avons dit, elle n'est qu'une variété de l'hypothèque terrestre ; elle est soumise aux mêmes règles sur tous les points en vue desquels la loi de 1874 n'a pas introduit de dérogations spéciales.

L'application de l'article 2180 du Code civil conduit à cette conséquence que l'hypothèque maritime sera prescrite par un laps de dix à vingt ans, si le tiers détenteur a juste titre et bonne foi ; par trente ans, dans le cas contraire.

La première de ces deux prescriptions ne commencera à courir qu'après l'accomplissement des formalités de la mutation en douane.

6° La vente en justice du navire dans les formes indiquées aux articles 201 et suivants du Code de commerce et la vente amiable suivie de purge, entraînent également l'extinction de l'hypothèque. Cependant le droit de préférence continue d'exister pour permettre aux créanciers de se faire payer à leur rang sur le prix. Il ne disparaît que lorsqu'ils ont touché le montant de leur collocation.

7° Nous trouvons dans l'application à notre matière de l'article 2198 du Code civil une autre cause d'extinction de l'hypothèque. Lorsque l'acquéreur du navire, sur sa réquisition adressée au receveur après la mutation en douane, reçoit un certificat négatif, le navire est affranchi, entre ses mains, des hypothèques qui pouvaient exister, sauf la responsabilité du receveur vis-à-vis du tiers créancier.

Section II

Radiation

La radiation consiste dans une annotation qui est faite en marge de l'inscription.

Elle a lieu tantôt du consentement du créancier, tantôt contre son gré. Dans le premier cas, elle est dite, volontaire ; dans le second judiciaire.

§ 1. — *Radiation volontaire.*

Le consentement à la radiation peut être un acte de pure bienveillance de la part du créancier qui renonce au bénéfice de l'hypothèque pour augmenter le crédit de son débiteur. En thèse générale, le créancier ne se prêtera à la radiation qu'après l'extinction de l'hypothèque et alors elle n'aura pour conséquence que de faire disparaitre une inscription désormais inutile.

Pour donner valablement main-levée d'une hypothèque, il faut être capable de disposer de la créance garantie.

A cette première condition de fond, se joint une condition de forme. Suivant l'exemple du Code civil, l'article 14 de notre loi exige que l'acte de main-levée soit dressé par un notaire.

L'hypothèque maritime peut être constituée par acte privé ; on s'est donc montré plus sévère pour la radiation. Cette sévérité a sa raison d'être en ce que la radiation faite mal à propos entraine des conséquences plus graves que l'inscription opérée sans droit. Tout ce qui résulte de celle-ci, c'est que le propriétaire du navire voie diminuer momentanément son crédit ; il le rétablira promptement en poursuivant l'annulation de l'inscription frauduleuse. S'il a subi quelque préjudice, le tribunal lui alloue des dommages et intérêts. La radiation obtenue par un faux peut, sans doute, être annulée aussi bien que l'inscription mais elle produit des effets définitifs au regard des créanciers qui ont fait inscrire leurs hypothèques depuis le jour de la radiation jusqu'à celui du rétablissement de l'inscription.

L'intervention du notaire empêche que la radiation puisse être obtenue à l'aide d'un faux. Il est obligé de s'assurer de l'identité de ceux qui viennent recourir à son ministère et il se trouve, pour cette constatation, dans des conditions beaucoup plus favorables que le receveur des douanes.

Le receveur garde, pour sa sûreté, une expédition de l'acte en vertu duquel la radiation a été faite.

§ 2. — *Radiation judiciaire.*

Lorsque le créancier refuse injustement d'autoriser la radiation, le recours aux tribunaux devient nécessaire.

La loi de 1874 ne réglemente pas, dans ses détails, la radiation judiciaire; il faut pour les connaître se reporter aux articles 2159 et 2160 du Code civil.

Le premier tranche une question de compétence. Le tribunal chargé de statuer sur une demande en radiation est celui dans le ressort duquel l'inscription a été prise. Toutefois, les parties sont libres de déterminer, à l'avance, par convention, le tribunal devant lequel serait portée leur contestation.

L'article 2160 indique les cas dans lesquels la radiation doit être ordonnée par le tribunal. C'est lorsque l'hypothèque n'existe pas ou bien lorsqu'elle a cessé d'exister par suite du paiement de la dette ou de toute autre cause d'extinction.

Le receveur des douanes ne procède à la radiation qu'en vertu d'un jugement contradictoire et en dernier ressort ou, lorsque ces conditions ne sont pas réunies, passé en force de chose jugée. Aux termes de l'article 548 du Code de procédure civile, il se fait remettre par le poursuivant, deux certificats : l'un de son avoué constatant la date de la signification du jugement ; l'autre délivré par le greffier, après l'expiration des délais impartis par la loi pour interjeter appel ou former une opposition, et constatant qu'aucune de ces mesures n'a été prise. Il conserve l'expédition du jugement ainsi que les deux certificats et se met ainsi complètement à couvert.

La radiation a encore lieu sur la présentation d'une ordonnance du juge-commissaire chargé du réglement de l'ordre. Celui-ci fait rayer les inscriptions des créanciers qui n'ont pas été colloqués en rang utile. Quant aux créanciers qui ont reçu leur paiement, ils doivent, en donnant quittance, consentir la radiation de leurs inscriptions.

Que la radiation soit volontaire ou judiciaire, le receveur doit la mentionner :

1° Sur le titre lorsqu'il est sous-seing privé ou reçu en brevet ;

2° Sur l'acte de francisation, parce que l'un et l'autre portent la trace de l'inscription.

CHAPITRE V

DE L'HYPOTHÈQUE MARITIME DANS SES RAPPORTS AVEC LE FISC ET AVEC L'ADMINISTRATION DES DOUANES

Nous consacrerons deux sections à l'étude des matières que comprend ce chapitre. Nous verrons dans la première quels sont les droits perçus à l'occasion de l'hypothèque maritime, et dans la seconde comment sont tenus les registres destinés à la rendre publique.

SECTION I

Droits perçus à l'occasion de l'hypothèque maritime.

L'hypothèque donne lieu à la perception de deux droits distincts :

1° Les droits dus à l'enregistrement ;

2° Les remises et salaires attribués aux receveurs les douanes.

§ 1. — *Enregistrement.*

Le projet de loi dérogeait au droit commun en autorisant l'inscription avant que le contrat d'hypothèque eût été enregistré, sauf à y pourvoir ultérieurement.

Cette disposition n'a pas été maintenue et nous le regrettons. Lorsque l'hypothèque est consentie au dernier moment, le navire prêt à faire voile, son départ est nécessairement retardé jusqu'après l'accomplissement des formalités de l'inscription. L'enregistrement occasionne une perte de temps préjudiciable aux intérêts de l'emprunteur.

Quel sera le droit perçu ?

A défaut d'une règle spéciale, l'enregistrement du contrat d'hypothèque eût entraîné le paiement du droit proportionnel, conformément à l'article 4 de la loi du 22 frimaire de l'an VII. C'était inadmissible ; les prêts maritimes sont généralement consentis pour un temps très limité et portent sur des sommes considérables ; la perception d'un droit de 1 p. 0/0 avec décimes en sus, aurait grevé l'opération faite dans ces conditions d'une charge ruineuse pour l'emprunteur.

Cependant, les rédacteurs de la loi de 1874 n'ont pas complètement écarté le droit proportionnel ; ils ont pris un moyen terme.

L'article 2, § 2, s'exprime ainsi :

« Pour l'inscription de l'hypothèque maritime, l'acte « sous-seing privé ne sera passible que du droit fixe de « 2 francs. Mais le droit proportionnel pourra être ulté- « rieurement exigé dans les cas où les actes sous-seing « privé y sont assujettis conformément aux lois sur l'enre- « gistrement. »

Quant à l'acte authentique, on le laisse sous l'empire du droit commun. On n'a pas voulu lui accorder la même faveur qu'à l'acte privé parce qu'elle aurait été définitive. L'acte privé donne lieu, en effet, au paiement du droit proportionnel lorsqu'il reçoit, après l'inscription, une manifestation quelconque ; l'acte authentique jouit de la voie parée ; une fois enregistré, il ne serait plus susceptible, à aucun moment, du droit proportionnel.

Dans quelle mesure et par suite de quelles circonstances l'acte privé, provisoirement enregistré au droit fixe, sera-t-il astreint au droit proportionnel ? La disposition finale de notre article l'indique par un renvoi dont on a eu soin, au cours de la discussion, d'indiquer nettement la portée. Le caractère de l'hypothèque maritime aurait suffi pour montrer que le législateur a voulu se référer aux règles spéciales établies, pour l'enregistrement des actes commerciaux, par les articles 22 et 23 de la loi du 11 juin 1859, ainsi conçus :

Art. 22. — « Les marchés et traités réputés actes de « commerce par les articles 632, 633 et 634, n° 1 du « Code de commerce, faits ou passés sous signature privée « et donnant lieu au droit proportionnel suivant l'article « 69, § 3, n° 1 et § 5, n° 1, de la loi du 22 frimaire « an VII, seront enregistrés provisoirement moyennant un « droit fixe de 2 francs et les autres droits fixes auxquels « leurs dispositions peuvent donner ouverture d'après les « lois en vigueur. Les droits proportionnels, édictés par le- « dit article, seront perçus lorsqu'un jugement portant « condamnation, liquidation, collocation ou reconnais- « sance interviendra sur ces marchés et traités, ou qu'un

« acte public sera fait ou rédigé en conséquence, mais « seulement sur la partie du prix ou des sommes faisant « l'objet soit de la condamnation, liquidation, collocation « ou reconnaissance, soit des dispositions de l'acte public. »

Art. 23. — « Dans le cas prévu par l'article 57 de la « loi du 26 avril 1816, le double droit dû en vertu de « cet article, sera réglé conformément aux dispositions de « l'article 22 de la présente loi et sera perçu lors de l'en- « registrement du jugement. »

Ajoutons, pour compléter ces données, que sur une interpellation de M. Sebert, M. Grivart a formellement reconnu qu'il ne serait pas nécessaire, préalablement aux poursuites, de faire enregistrer l'acte d'hypothèque au droit proportionnel.

L'article 15, § 2 de notre loi contient encore une disposition fiscale. S'occupant du cas où la radiation a lieu du consentement du créancier, il décide que le droit proportionnel sur le titre constitutif de l'hypothèque ne sera pas perçu lorsque l'acte présenté au receveur des douanes se bornera, purement et simplement, à donner main-levée.

Cette disposition a pour objet de rendre moins onéreuse l'obligation de recourir à la forme authentique pour la confection de l'acte de consentement à la radiation. Le titre constitutif de l'hypothèque est nécessairement mentionné dans cet acte ; l'application de l'article 2, § 2 aurait entraîné la perception du droit proportionnel si la loi n'avait pas introduit une exception pour ce cas tout spécial.

L'enregistrement de l'acte de radiation donne lieu au

paiement du droit gradué établi par la loi du 28 février 1872, article 1 n° 7.

Incontestablement, le législateur a favorisé par l'abaissement des droits, les prêts hypothécaires sur navires, mais il aurait dû se montrer plus libéral encore. M. Sebert demandait qu'on les affranchît complètement du droit proportionnel pour s'en tenir au droit fixe ou au droit gradué de la loi de 1872. L'Assemblée nationale n'a pas voulu s'associer à ses vues de peur de sacrifier les intérêts du trésor. Cette préoccupation n'était pas légitime ; il s'agissait d'actes nouveaux qui n'avaient pu être jusque là une source de recettes ; l'abaissement des tarifs n'aurait eu pour conséquence que de diminuer ses profits.

Tous les projets présentés en vue des modifications à introduire dans la loi de 1874, ne manquent pas de toucher au régime fiscal qu'elle a organisé.

Voici notamment, la rédaction proposée par M. Lecesne pour l'article 2, § 2.

« Le droit d'enregistrement de l'acte constitutif de l'hy-
« pothèque authentique ou sous-seing privé est fixé à un
« franc pour mille francs des sommes ou valeurs portées au
« contrat. »

On écarte ainsi toute distinction entre l'acte authentique et l'acte privé ; le droit perçu est toujours uniforme ; c'est un droit proportionnel mais dont la modicité, aux termes du rapport de M. Lecesne, entraîne l'absence pratique de toute fiscalité.

Ce système, plus clair et plus précis que celui actuellement en vigueur, ne nous satisfait pas entièrement. Nous voudrions qu'on fit fléchir, dans l'intérêt de la marine marchande, les principes admis en matière fiscale et qu'on écartât résolument le droit proportionnel.

Le restreindre dans une large mesure est déjà très bien ; le supprimer, vaudrait mieux.

§ 2. — *Remises et salaires attribués aux receveurs des douanes.*

Ces remises et salaires sont une juste compensation de la responsabilité encourue par les receveurs des douanes dans l'exercice de leurs nouvelles fonctions.

Nous les trouvons indiqués dans le décret du 23 avril 1875 rendu en exécution de l'article 30 de la loi du 10 décembre 1874.

Voici le texte de ce décret.

Art. 1. — « Les droits à percevoir par les employés « de l'administration des douanes chargés du service de « l'hypothèque maritime, se composent de remises et de « salaires payables d'avance.

Art. 2. — « Les remises sont fixées à un demi pour « mille du capital des créances donnant lieu à l'hypothèque « ou au renouvellement d'une inscription.

« Elles sont réduites à un quart pour mille à l'égard « des sommes que le propriétaire du navire se réserve la « faculté de réaliser par voie d'hypothèque, en cours de

« voyage, conformément à l'article 26 de la loi du 10 dé-« cembre 1874.

« Lorsque l'hypothèque ainsi réservée est effectivement « prise, l'agent appelé à l'inscrire, perçoit, à son tour, « une remise d'un quart pour mille sur la somme hypo-« théquée. »

Art. 3. — « Les salaires sont de 1 franc.

« 1° Pour l'inscription de chaque hypothèque requise « par un seul bordereau, quel que soit le nombre des « créanciers ;

« 2° Pour chaque inscription reportée d'office, en vertu « de l'article 7 de la loi du 10 décembre 1874, sur l'acte « de francisation, sur le registre du lieu de francisation ou « sur le registre du nouveau port d'attache ;

« 3° Pour chaque déclaration soit de changement de « domicile, soit de subrogation, soit de tous les deux par « le même acte ;

« 4° Pour chaque radiation d'inscription ;

« 5° Pour chaque extrait d'inscription ou pour le cer-« tificat qu'il n'en existe pas. »

Art. 4. — « Chaque bordereau d'inscription ne peut « s'appliquer qu'à un seul navire. Dans le cas de change-« ment de domicile, de subrogation ou de radiation, il est « fait aussi une déclaration distincte par inscription. »

Art. 5. — « Les employés des douanes, chargés du ser-« vice de l'hypothèque maritime, auront à fournir, pour la « garantie des actes auxquels donnent lieu l'exécution de « la loi du 10 décembre 1874, un cautionnement supplé-

« mentaire égal au dixième de leur cautionnement actuel. « Ce cautionnement supplémentaire devra être fourni en « immeubles ou en rentes nominatives sur l'État, confor- « mément à ce qui est réglé pour les hypothèques terres- « tres. Les rentes sur l'État seront capitalisées au denier « vingt. La libération du cautionnement supplémentaire « ne pourra être réclamée qu'après un délai de trois ans, « à dater du dernier jour de la gestion du comptable.

ART. 6. — « Le taux des cautionnements, des remises « et des salaires sera révisé à l'expiration d'une période « de cinq ans. »

Cette dernière promesse n'a pas été remplie.

Les dispositions que nous venons de retracer se passent de commentaires. Nous présenterons seulement de courtes observations.

Les règles établies par les §§ 2 et 3 de l'article 2 pour la perception des remises auxquelles donne lieu l'hypothèque éventuelle, ont quelque chose d'anormal. Nous pensons que la déclaration préalable ne devrait entrainer aucune remise puisqu'il n'y a encore ni créance, ni hypothèque et que, peut-être, celle-ci ne se réalisera pas.

Cette remise est portée à un quart pour mille de la somme déclarée. Lorsque l'hypothèque ainsi réservée, sera inscrite au cours du voyage, l'agent chargé de l'inscription percevra à son tour une remise calculée non plus sur le chiffre de la déclaration, mais sur le chiffre de l'emprunt. En fin de compte, la remise totale n'est pas établie sur les bases fixées par le § 1 de notre article ; elle est trop élevée.

Il eût mieux valu n'autoriser le receveur du port d'attache à réclamer sa remise qu'après le retour du navire.

Nous remarquerons, en second lieu, que le décret ne prévoit pas au point de vue des salaires, tous les cas où le ministère des receveurs peut être requis pour l'exécution de la loi. Sera-t-il dû un salaire pour la mention d'une déclaration d'hypothèque éventuelle, pour la suppression de cette déclaration, au retour du navire, ou pour le report, sur le registre, des inscriptions réalisées pendant le voyage? L'article 3 ne le dit pas. En fait, l'administration des douanes, raisonnant par analogie, admet dans tous ces cas la perception du salaire fixé à 1 franc.

Notre dernière observation portera sur l'article 4. Il a pour but de prévenir les erreurs. Le receveur, ayant entre les mains autant de bordereaux qu'il y a de navires hypothéqués, n'est pas exposé à inscrire sur l'un d'eux les hypothèques qui ne le concernent pas. Cette précaution excellente a le léger inconvénient d'entraîner une petite augmentation de frais.

La même précaution est prise pour les cas de changement de domicile, subrogation, radiation.

Section II.

Tenue des registres.

Une circulaire de M. le directeur des douanes du 24 avril 1875, indique, au point de vue technique, les formalités à remplir par les receveurs des douanes ; elle trace des règles précises, minutieuses dans le but de faciliter les recherches et d'éviter les erreurs.

Deux registres nouveaux sont tenus à la douane : 1° le registre des inscriptions ; 2° le registre des recette et dépôt.

Avant d'être mis en usage, ils sont cotés et paraphés par le juge de paix, conformément à l'article 27 du titre VII de la loi du 22 août 1791.

Chacune des pages du premier comprend trois grandes divisions destinées, l'une, aux inscriptions ; l'autre, aux changements de domicile et subrogations ; la troisième, aux radiations. On trouve ainsi, à la suite les unes des autres, toutes les mentions auxquelles peut donner lieu l'hypothèque depuis sa naissance jusqu'à sa disparition.

Des petites colonnes réservées dans les grandes divisions, servent à faire des renvois au registre des déclarations de constructions et soumissions de francisation et au registre des recette et dépôt.

Celui-ci est à souches et on en détache les quittances des remises et salaires perçus ; il sert, de plus, à prendre note des pièces déposées.

En même temps qu'une inscription est prise sur le registre *ad hoc*, une quittance est détachée du registre des recettes et dépôts. Inscription et quittance portent la même date car il est d'obligation stricte de faire l'inscription le jour même où elle est requise ; chaque soir, le registre est arrêté qu'on en ait ou non usé.

Les inscriptions, changements de domicile, subrogations,

radiations rappelés sur le registre des recette et dépôt, le sont aussi au registre de francisation, sur la soumission qui individualise le navire. En consultant ce registre on embrasse, d'un coup d'œil, tous les actes qui ont trait aux hypothèques qui le grèvent ; il donne la table, par navire, de tout ce qui touche à son état hypothécaire, et cette table facilite beaucoup les recherches.

La concordance qui doit exister entre les trois registres dont nous avons parlé écarte les chances d'erreur.

Cependant l'administration des douanes a pris un excès de précaution. Pour empêcher toute confusion résultant de la similitude des noms, lorsqu'il s'agit de délivrer un certificat, elle prescrit la tenue d'un répertoire des navires attachés à chaque port. Ils y sont portés par ordre alphabétique d'après leurs noms. Un intervalle de cinq lignes est laissé entre chaque désignation en vue de francisations ultérieures. Toute hypothèque inscrite donne lieu, à une mention dans une colonne réservée à cet effet.

Pareil répertoire est tenu pour les navires en construction. Ici la table alphabétique est dressée sous les noms des constructeurs ; on réserve à chacun d'eux une ou plusieurs pages blanches. Au moment de la francisation, le receveur est prévenu, en consultant son répertoire, des hypothèques qui ont pu être consenties pendant la construction.

Le registre spécial tenu en exécution de l'article 26, contient sur chaque page deux grandes divisions, l'une pour les inscriptions avec rappel au registre de recette et dépôt ; l'autre, destinée à reproduire au regard des inscriptions qu'elles concerneraient, les mentions faites sur l'acte de francisation, si des modifications, subrogations ou radiations avaient eu lieu avant le départ du navire.

Lorsque le receveur procède à une inscription ou à un renouvellement, mentionne un changement de domicile, une subrogation ou fait une radiation, il doit envoyer à l'administration centrale une copie de l'acte certifiée par lui. Cette précaution faciliterait, le cas échéant, la reconstitution des registres.

La bonne exécution des prescriptions que nous avons sommairement indiquées, est assurée par l'établissement d'un service de contrôle chargé de relever les erreurs ou les omissions commises par les receveurs des douanes et de les signaler à leur attention.

CONCLUSION

Nous avons signalé, au cours de notre étude, les défectuosités de la loi du 10 décembre 1874 ; une prochaine révision les fera disparaître.

Mais quels que soient les perfectionnements apportés à son œuvre par le législateur, on ne peut espérer qu'une hypothèque établie sur un bien mobilier donne jamais une complète sécurité. La nature essentiellement périssable des navires, la dépréciation que chaque voyage leur fait subir, l'éventualité d'une vente à l'étranger suivie d'une défrancisation du bâtiment, enfin la priorité accordée aux privilèges de l'article 193 du Code de commerce, diminuent sensiblement et fatalement l'efficacité de la garantie nouvelle.

Il y avait un moyen d'y remédier, M. Grivart le signale dans son rapport : « On peut se demander, dit l'honorable « rapporteur, si, pour développer le crédit maritime, pour « attirer les capitaux du côté des entreprises de mer sujettes « à tant de risques, il n'est pas nécessaire de faire fléchir « les lois restrictives du taux de l'intérêt et de donner aux « parties pour la fixation des conditions du prêt, une lati- « tude qui leur est aujourd'hui refusée. Tel est le sentiment « à peu près unanime des commerçants des ports ; ils pen- « sent que le prêt hypothécaire maritime ne peut se géné-

« raliser et prendre habituellement la place du prêt à la « grosse qu'à la condition de ne pas être enfermé dans les « limites rigoureuses du taux légal. »

Et puis, il ajoute : « Nous n'avions pas à nous prononcer sur cette grosse question ; l'objet des études de notre « commission étant borné, il ne lui appartenait pas d'étendre ses vues au-delà du projet soumis à son examen. »

Les scrupules de la commission nous paraissent un peu exagérés ; ils ont eu pour conséquence d'entraver considérablement l'usage du prêt hypothécaire sur les navires.

C'est, en effet, la première loi du crédit que la rémunération soit calculée d'après les risques courus. Or, le prêt maritime expose, par la nature même des choses, le capitaliste à des risques nombreux ; on devait, pour l'attirer, lui offrir la perspective de gros bénéfices.

La commission n'aurait pas dû hésiter. Il ne s'agissait pas de prendre parti dans la question générale de la liberté ou de la limitation du taux de l'intérêt, mais seulement de consacrer une exception qui eût été sans danger parce qu'elle se serait adressée à une classe de personnes douées d'un sens d'appréciation excellent et peu disposés à se laisser griser par des perspectives irréalisables. D'ailleurs, au point de vue économique, la loi de 1807 est sévèrement critiquée ; chaque jour, les tribunaux la violent ouvertement en admettant la légitimité de commissions qui, variant à l'infini, ne sont que la graduation des risques courus. Cette jurisprudence est la meilleure condamnation de la limitation arbitraire du taux de l'intérêt.

L'institution de l'hypothèque maritime n'a pas produit, jusqu'à présent, les heureux résultats qu'on en attendait, mais il y a exagération à conclure de là, comme on le fait quelquefois, à son impuissance radicale.

Elle ne pouvait changer brusquement les conditions d'existence de notre marine et lui ouvrir, en un seul jour, les sources du crédit depuis longtemps taries.

Il lui fallait aussi un complément qu'elle n'avait pas encore reçu. Nous allons nous expliquer et indiquer, en même temps, comment doit être compris le rôle de l'hypothèque sur les navires.

Tout d'abord, nous n'hésitons pas à le dire, elle ne peut, à elle seule, rien ou presque rien. Nos armateurs réclament des millions ; ils ne peuvent les trouver, même avec la garantie de leur matériel, en s'adressant à des particuliers. Ceux-ci ne disposent pas de sommes assez considérables ou bien refusent de s'engager soit parce qu'ils sont trop timorés, soit parce qu'ils reculent devant les enquêtes auxquelles donnent lieu les opérations hypothécaires. Mais plaçons entre eux, comme intermédiaires, de grandes sociétés de crédit et les capitaux afflueront.

Une banque maritime solidement organisée doit les appeler parce qu'elle donne toute sécurité, en raison de la multiplicité de ses opérations et qu'elle dispense les prêteurs de toute enquête préalable ; par dessus tout, elle draine les petites sommes, produits de l'épargne individuelle, qui, isolées, sont impuissantes. Réunir tous ces petits capitaux, en former une masse toujours disposée à s'utiliser ; voilà ce que les armateurs ne peuvent faire et ce qu'une banque maritime doit venir faire pour eux.

Plusieurs fois déjà, il s'est formé en France des compagnies financières pour favoriser l'industrie des armements. Ces essais n'ont pas été heureux ; la loi de 1874 permet de les recommencer dans de meilleures conditions et avec de grandes chances de succès.

En résumé, l'hypothèque maritime, abandonnée à l'initiative privée, n'a qu'une efficacité très médiocre ; mais elle est susceptible d'être utilisée par des banques maritimes disposant de grands capitaux, et c'est en facilitant leur fonctionnement qu'elle rendra à la marine marchande de très réels services.

Tel était d'ailleurs le but poursuivi par le législateur ainsi que l'indiquent clairement les travaux préparatoires et les termes du rapport de M. Grivart.

Nous sommes heureux de constater que ce but a été atteint. Nous avons vu se fonder, au commencement de cette année, une banque qui, sous le nom de « Crédit foncier maritime », a pour objet :

1° De prêter sur hypothèque maritime, aux constructeurs ou propriétaires de navires, des sommes remboursables soit à long terme, par annuités, soit à court terme avec ou sans amortissement.

2° De prêter des sommes remboursables soit à court terme, soit par annuités et destinées à l'exécution ou à l'achèvement de ports, canaux, docks, formes de radoub, en un mot, à tous les travaux utiles au développement de l'industrie maritime et fluviale, sous la condition que le remboursement des sommes prêtées à court terme ou le service des annuités des prêts à long terme sera garanti par une hypothèque ou par des engagements de l'État, des départements, des communes, des chambres de commerce ou associations syndicales ;

3° D'acquérir, par voie de subrogation ou de transferts ou par tout autre moyen reconnu par la loi, les créances hypothécaires ou privilégiées sur les navires construits ou en construction, ou les créances garanties suivant les conditions énoncées au § 2 ;

4° D'ouvrir des crédits et comptes courants garantis, soit par hypothèque ou privilége sur des navires construits ou en construction, soit par les engagements énoncés au § 2 ;

5° De consentir des prêts : 1° sur nantissement ; 2° à la grosse, en cours de voyage ; 3° sur warrants ; 4° sur nantissement ;

6° De consentir des prêts pour faciliter la création ou l'exploitation d'entreprises d'armement, de navigation, de transport, de commerce et de travaux maritimes.

Nous avons indiqué les différentes branches des opérations de cette société afin de montrer le puissant concours que les établissements de ce genre peuvent donner aux industries maritimes.

Elle offre des capitaux non-seulement pour l'armement et la construction des navires, mais encore, à l'exemple du Crédit foncier, pour des entreprises d'utilité publique, telles que l'amélioration de nos ports et de nos canaux.

Elle peut diminuer sensiblement l'usage onéreux du prêt à la grosse. Le capitaine muni de lettres de crédit émanant d'une grande institution de crédit connue un peu partout, en raison de son importance, trouvera de l'argent sans avoir à subir les conditions onéreuses qui lui sont imposées lorsqu'il ne peut invoquer que le nom de son armateur.

Cette société s'assure un fonds de roulement très important par la création, en représentation de ces créances, de titres négociables et remboursables dans un délai variable selon qu'ils représentent des créances à long terme ou à courte échéance. De cette façon, elle appellera, sans cesse, l'épargne française, la fera servir à la propriété nationale, et l'empêchera d'aller s'aventurer à l'étranger.

Mais, hâtons-nous de l'ajouter, lorsqu'on aura donné à notre marine le moyen de se procurer des capitaux, le problème qui intéresse, à un si haut degré, l'avenir de la France, ne sera pas encore résolu.

Notre marine ne trouve pas sur notre sol des matières encombrantes pour lui assurer un fret de sortie ; les navires sont obligés de partir sur lest ou à moitié vides ; le fret pris à l'étranger doit indemniser, à la fois, du voyage d'aller et du voyage du retour. Dans ces conditions, la concurrence contre les autres pavillons est difficile.

Comment y remédier ? En développant le commerce d'entrepôt ; en facilitant les avances sur consignation, ce à quoi la banque maritime peut grandement servir ; enfin, en organisant des ventes publiques qui permettent aux expéditeurs étrangers de réaliser facilement leurs marchandises.

C'est à cela et à sa puissance industrielle que l'Angleterre doit, en partie, sa propriété maritime. « L'Angleterre, dit, « en termes saisissants, M. Leveillé (1), semble, au XIXe « siècle, une vaste usine, un laminoir gigantesque attirant « à lui les matières premières et les rejetant au dehors, « après les avoir transformées. L'Angleterre aspire les ma- « tières premières ; elle verse au loin ses produits manufac- « turés. L'instrument de ce double et alternatif mouvement, « c'est sa marine marchande. Cette marine ne manque ja- « mais de travail ; étant organisée sur des bases grandioses, « les capitaux et les hommes s'y sont engagés à l'envi et le « gouvernement suit d'un œil jaloux, sur les mers, le gui- « don de ses armateurs. »

Nous n'avons pas, il est vrai, ses ressources, ses colonies couvrant presque un sixième de la surface du globe et qui lui assurent d'immenses débouchés, mais, d'un autre côté, notre marine a moins de besoins.

Le meilleur moyen de nous procurer des débouchés serait d'avoir à l'étranger de nombreux représentants chargés, en même temps, de préparer les éléments du fret de retour. Ici, encore, malheureusement, notre infériorité se manifeste. Cette lacune due, sans doute, au manque d'initiative du commerce français, pourrait être comblée, dans une certaine mesure, au moyen de nos capitaines. On modifierait le programme des connaissances que l'État exige d'eux et on en ferait non-seulement des chefs habiles

1. M. Léveillé. *Notre marine marchande, Son avenir.*

pour la conduite d'un navire, mais encore des hommes d'affaires. Le code disciplinaire serait réformé pour leur permettre, une fois le bâtiment conduit à bon port, de le confier à leurs seconds et de s'occuper exclusivement, à terre, des intérêts de leurs commettants.

On a proposé de permettre à nos agents consulaires de faire, pour nos compatriotes, le courtage des marchandises. Cette mesure aurait de grands inconvénients ; elle diminuerait leur autorité morale et les rendrait moins propres à défendre les intérêts dont la sauvegarde leur est confiée.

L'amélioration de notre navigation intérieure doit aussi faire l'objet de nos préoccupations constantes. Par sa situation géographique, la France peut prétendre à devenir la voie des échanges entre l'Orient et l'Occident. Mais elle est menacée par l'ouverture des grandes lignes commerciales qui unissent, dès aujourd'hui, l'Allemagne à l'Italie et qui la mettront en communication, dans un avenir peut-être prochain, avec la magnifique rade de Salonique.

Les effets de cette concurrence sont déjà sensibles. Marseille voit grandir, à ses côtés, Gênes, Trieste, Brindisi ; le Hâvre progresse lentement tandis que les places d'Anvers et de Hambourg prennent un développement considérable. Pour maintenir ou détourner à notre profit tout le mouvement des marchandises qui se fait entre l'Orient et le Nord de l'Europe, il faudrait joindre nos rivages les uns aux autres, la Méditerranée à l'Océan et à la Manche par des canaux navigables pour des bâtiments d'un tonnage assez élevé et capables de prendre la mer ; les bénéfices que notre marine trouverait dans cet immense transit sont incalculables.

Mais c'est assez nous écarter de notre sujet ; nous y revenons pour donner nos conclusions.

La loi du 10 décembre 1874 devra être révisée. Il conviendra d'y ajouter un article additionnel supprimant, en faveur des prêts hypothécaires sur les navires, la limitation du taux de l'intérêt.

Grâce à ces réformes, grâce surtout à la création de grandes institutions de crédit maritime, l'hypothèque navale, jusqu'à présent un peu délaissée, entrera dans une ère nouvelle et contribuera, dans une large mesure, à la restauration de notre marine marchande.

TABLE DES MATIÈRES

DROIT ROMAIN

DU DROIT DE VENTE DU CRÉANCIER HYPOTHÉCAIRE

INTRODUCTION

CHAPITRE I

CHAPITRE II

CHAPITRE III

DROIT FRANÇAIS

DE L'HYPOTHÈQUE MARITIME

CHAPITRE I

CHAPITRE II

CHAPITRE III

CHAPITRE IV

CHAPITRE V

Imp. A. Derenne, Mayenne. — Paris, boulevard Saint-Michel, 52.

POSITIONS

DROIT ROMAIN

I. — Le droit de vente n'a été de l'essence du gage qu'à partir de Justinien.

II. — Le créancier hypothécaire qui vend en cette qualité, est garant de la réalité de l'hypothèque constituée en sa faveur et de la priorité de son rang hypothécaire.

III. — Le créancier hypothécaire, quel que soit son rang, a le droit de vendre la chose hypothéquée, sous cette seule réserve que la vente n'est pas opposable aux créanciers antérieurs.

IV. — La vente du gage par le créancier éteint son hypothèque d'une façon absolue.

V. — L'acheteur évincé par suite d'un défaut de droit dans la personne du débiteur qui a constitué l'hypothèque, recourt contre celui-ci par une véritable action en garantie, comme s'il avait traité avec lui.

VI. — La demeure du débiteur n'est pas une condition préalable de l'exercice du droit de vente par le créancier hypothécaire.

DROIT MARITIME

I. — Lorsqu'un navire est construit à forfait, la propriété réside sur la tête du constructeur pendant le temps de la construction.

II. — Le fret ne peut être hypothéqué.

III. — La vente d'un navire n'est opposable aux tiers que du jour où la mutation en douane a eu lieu.

IV. — L'hypothèque rentre dans la catégorie des actes pour lesquels, conformément à l'article 220 du Code de commerce, la délibération de la majorité lie la minorité.

DROIT CIVIL

I. — L'enfant naturel ne peut prouver sa filiation au moyen de la possession d'état.

II. — La femme ne peut s'interdire, par contrat de mariage, la faculté de cautionner son mari.

III. — L'aliénation d'un immeuble, bien que non transcrite au moment de la transcription de la saisie, peut être opposée aux créanciers chirographaires.

IV. — L'exercice du droit de revendication accordé au vendeur d'effets mobiliers non payés par l'article

2102-4° du Code civil, n'aboutit qu'à une reprise de la possession de la chose pour reconstituer le droit de rétention. Il n'entraîne pas la résolution de la vente.

V. — La séparation des patrimoines, demandée par les créanciers héréditaires, n'a pas pour effet de leur donner un véritable privilège sur les immeubles de la succession.

VI. — L'héritier pour partie ne peut, après avoir payé la part de la dette dont il est personnellement tenu, faire transcrire l'acte de partage et purger l'immeuble hypothéqué qui a été placé dans son lot.

DROIT CRIMINEL

I. — Lorsqu'une loi adoucissant la peine a été rendue après l'accomplissement d'un délit, et que le délinquant comparaît devant les tribunaux après la promulgation d'une loi plus sévère, c'est la peine la plus douce qui doit être appliquée.

II. — L'acquittement de l'accusé ne purge que l'accusation telle qu'elle a été portée devant le tribunal criminel. Elle n'enlève pas au ministère public le droit d'exercer de nouvelles poursuites en qualifiant le fait d'une autre façon.

DROIT INTERNATIONAL

I. — L'extradition d'un esclave fugitif, même coupable d'un crime de droit commun, ne doit pas être accordée par un État abolitionniste.

II. — Un gouvernement étranger ne peut être traduit devant les tribunaux français pour l'exécution d'obligations contractées envers un Français.

Vu par le président de la thèse,
RATAUD.

Vu par le doyen
Ch. BEUDANT.

Vu et permis d'imprimer,
Le vice-recteur de l'Académie de Paris
GRÉARD.

www.ingramcontent.com/pod-product-compliance
Ingram Content Group UK Ltd.
Pitfield, Milton Keynes, MK11 3LW, UK
UKHW020951230726
13923UKWH00007B/250